일석 3조 비젼! 스페인어 어휘

일석 3조 비젼! 스페인어 어휘

초판 1쇄 인쇄 / 2013년 8월 31일
초판 1쇄 발행 / 2013년 9월 05일

저자 / 조경호
발행인 / 서덕일
발행처 / 도서출판 문예림
출판등록 / 1962년 7월 12일 제 2-110호
주소 / 서울 광진구 군자동 1-13호 문예하우스 101호
전화 / 02-499-1281~2 팩스 / 02-499-1283
http://www.bookmoon.co.kr
Email: book1281@hanmail.net
ISBN 978-89-7482-726-7 (13770)

♣ 저자와 협의에 인지를 생략합니다
♣ 잘못된 책은 구입하신 서점에서 교환하여 드립니다.

일석 3조 비젼! 스페인어 어휘

■ 머리말

〈일석 3조 비전! 스페인어 어휘〉는 스페인어를 처음 시작하는 사람들이나 스페인어를 계속 공부하는 학습들에게 초급부터 중급까지의 어휘를 공부할 수 있는 학습자 입장에서 기획해 만들어진 책입니다.

〈일석 3조 비전! 스페인어 어휘〉는 총 3부분으로 나뉘어 구성되어 있습니다.

01 초급필수 코스
초급 어휘 200개와 문장을 선정하여 소개하며, 관련 문법 또는 어휘이야기를 풀어 기초를 다지게 하는 코스입니다. 스페인어를 처음 시작하거나, 스페인어 시험을 준비하며 초급 부분을 정리하는 학습자를 위한 코스입니다.

02 필수어휘 코스
초·중급 어휘 1000개(동사 제외)와 문장을 선정하여 소개하며, 동의어·반의어를 정리하여 어휘의 폭을 넓혀 가는 기회를 제공하고 있습니다. 스페인어 시험을 준비하고 있는 초·중급 학습자를 위한 코스입니다.

03 필수동사 코스
필수 동사 300개와 문장을 선정하여 소개하며, 선정한 동사의 동사변화를 한눈에 볼 수 있도록 1인칭단수부터 3인칭복수까지 6개의 동사를 한꺼번에 소개하고 있고, 동사는 주로 사용하는 변화형을 중심으로 직설법 현재, 직설법 부정 과거·불완료 과거, 직설법 미래, 가능법, 접속법 현재, 접속법 과거를 한 페이

지에 모두 소개함으로써 사전을 찾는 번거로움을 덜어주고 반복연습을 할 수 있게 도와주는 코스입니다.

본서는 3개의 코스 중에 <01 초급 필수 코스>입니다.

외국어 공부를 위해 어휘를 암기하는 것은 이유를 달 수 없는 부분일 것입니다. 아무리 철저한 문법을 가지고 있다고 해도 그것을 구성할 재료가 없다면 무용지물일 것입니다. 처음부터 무리한 어휘 리스트를 가지고 공부하기 보다는 쉬운 문장, 쉬운 어휘를 가지고 기초적인 문법 및 구성 능력을 갖춘 다음 본격적인 어휘의 공부를 해야 할 것입니다.

어휘를 그 하나만 암기하면 어디에도 적용되기 힘들 수 있습니다. 그 어휘를 문장을 통해 익히고, 활용하는 훈련을 해야 할 것입니다. 그리고 스페인어의 경우는 영어와 다르게 동사가 많이 변화하는 어려움이 있기 때문에 동사부분은 꼭 별도로 공부시간을 할애해야 합니다.

이 책을 통해 스페인어 학습자 여러분들의 실력이 향상되길 바라며, 학습자 여러분의 고견을 받아 더 알찬 학습서가 되도록 노력하겠습니다.

바쁜 학교생활에도 단어 리스트, 질문, 의견을 내놓는 것에 시간을 할애해 준 한국외대부속 용인외고 6기 이승윤 학생과 8기 박서연, 오다형, 윤은경, 문승민, 문다은 학생에게 지면을 통해 고마움을 전하며, 항상 제2외국어를 위해 애정을 쏟아 주시는 서덕일 사장님과 문예림 출판사에 고마움을 표합니다.

2013. 5월
조경호

초급 필수 코스
PRIMER CURSO

0001 **Yo soy Sancho.**
▶ 나는 산초입니다.

✚ 에? 이건 알고 있나?

① 인칭대명사 주어는?

Yo 나	Nosotros/-as 우리들 (남)/(여)
Tú 너	Vosotros/-as 너희들 (남)/(여)
Él/Ella 그/그녀	Ellos/Ellas 그들/그녀들

※ 복수에서 혼성은 《남성》으로 사용한다.

② 《tú》와 《tu》의 차이.

주어로서 《너 (tú)》와 소유격으로 단수명사를 수식하는 《너의 (tu)》

0002 ¡No me digas tanto!
▶ 나에게 그렇게 말하지 마!

✚ 에!? 이건 알고 있나?

▶ 《me》와 《a mí》의 차이.

직접목적어와 간접목적어로 사용되는 '나를', '나에게'의 형태는 동일하다.

단, 동사의 앞쪽으로 보내는 축약된 형태로 사용하는 목적어의 형태는 《me》이고, 동사 뒤에 영어의 형태와 동일하게 인칭목적어 위치에 놓이게 되는 경우는 《a mí》를 사용한다.

0003 Este regalo es para mí.
▶ 이 선물은 나를 위한 것이다.

✚ 에!? 이건 알고 있나?

▶ 《mí》와 《mi》의 차이.

《mí (나를)》는 전치사 뒤에 놓이게 되는 형태로 전치사의 목적어 역할을 하며,

《mi (나의)》는 소유격으로 단수 명사를 수식한다.

0004 ¿Quién viene **conmigo** al teatro?
▶ 누가 나와 함께 극장에 갈래?

✚ 어!? 이건 알고 있나?

▶ 《con + 목적어(명사)》의 형태.

일반적으로 《con + 명사》의 경우는 그대로 사용하면 되는데, 인칭대명사를 넣을 때는 다소 특이한 변형 (1인칭 단수형, 2인칭 단수형)이 존재한다.

나와 함께	conmigo
너와 함께	contigo
그/그녀와 함께	con él/con ella

※ 나머지 인칭은 목적형으로 사용될 때 형태를 유지하면 된다.

0005 ¿**Te** devolvió María el libro?
▶ 마리아는 네게 책을 되돌려 주었니?

✚ 어!? 이건 알고 있나?

▶ 인칭목적어의 《a mí》와 《me》의 차이는?

영어와 같은 형태와 위치에 사용하는 경우는 《a mí》를 사용한다.

- You love me.
  → Tú quieres a mí. 너는 나를 사랑한다.

단, 동사의 앞에 위치하는 영어와 다른 구조의 경우는 《me》를 사용한다.

- You love me.
  → Tú me quieres. 너는 나를 사랑한다.

PRIMER CURSO

0006 **A ti te gusta nadar en el mar.**
▶ 너는 바다에서 수영하는 것을 좋아한다.

✚ 어!? 이건 알고 있나?

▶ 《gusta 동사》의 의미상 주어와 문법상 주어는?

Me gustan las maletas.

의미상 주어 : me

문법상 주어 : las maletas

→ 난 그 가방들을 좋아한다.

※ 문법상 주어에 맞춰 동사의 변화가 나타남으로 일반적으로 3인칭 단수와 복수 형태만 존재함.

0007 **Sancho irá contigo a Madrid.**
▶ 산초는 마드리드에 너와 함께 갈 것이다.

✚ 어!? 이건 알고 있나?

▶ 《consigo》의 의미는?

《conmigo》, 《contigo》와 유사한 형태의 《consigo》는 3인칭의 '재귀(再歸)'의미를 갖는 경우에 사용한다.

- Ella lleva el paraguas consigo.

  그녀가 직접 우산을 가져간다.

0008 Él tiene más dinero que ella.
▶ 그는 그녀보다 더 많은 돈을 가지고 있다.

✚ 어!? 이건 알고 있나?

▶ 《El》과 《Él》의 차이는?

같은 철자 이지만, 강세부호를 붙여 그 차이를 구분한 것인데, 《El》은 '남성단수 정관사'로 사용되는 것이며, 《Él》은 인칭 대명사 '그는(Él)'과 전치사 뒤에서 사용되는 전치격 인칭 대명사로 사용된다.

0009 Ella le dice que yo vuelvo mañana.
▶ 그녀는 그(녀)에게 내가 내일 돌아온다고 말한다.

✚ 어!? 이건 알고 있나?

▶ 직접목적어 《le》와 간접목적어 《le》

직접목적어에서 사용되는 《le》는 《lo》의 대체 형으로 '인칭, 남성, 3인칭 단수'의 조건일 경우에 사용하는 경우가 있다. 간접목적어 《le》의 경우는 '인칭, 단수'의 경우이며 '남성과 여성' 3인칭에서 모두 사용할 수 있다.

PRIMER CURSO

0010 **A Juan no lo he visto.**
▶ 난 후안 그를 보지 못했다.

✚ 어!? 이건 알고 있나?

▶ 《lo》는 어떤 경우에 사용되는 가?

① '직접목적어, 3인칭 단수, 남성(사물/사람)'일 경우에 사용.
- **No lo he visto.** 난 그를 보지 못 했다.

② 앞에 나온 내용을 모두 수식하는 경우에 사용.
- **No lo sé.** 난 그것을 알지 못한다.

③ 보어를 수식하는 경우에 사용.
- **Ella es bonita, ¿no?** 그녀가 예쁘다. 안 그래?
  → **Sí, ella lo es.** → 그렇지, 그녀는 예뻐.

0011 **El reloj se lo he regalado a ella.**
▶ 그 시계는 그녀에게 내가 선물했다.

✚ 어!? 이건 알고 있나?

▶ 《주어의 Ella》와 《목적어의 Ella》는 어떻게 구분하는 가?

주어의 Ella는 그 자체를 사용하면 되는데, 목적어로 사용되는 경우는 반드시 앞에 《a》를 붙여 사용한다. 《a》는 인칭 명사를 목적어 역할을 하도록 만들어 준다.

- **Ella quiere estudiar español.** 그녀는 스페인어를 공부하길 원한다.
- **Él no conoce a ella.** 그는 그녀를 알지 못한다.

0012 A María no la veo.
▶ 난 마리아 그녀를 못 본다.

+ 어!? 이건 알고 있나?

▶ 《관사 la》와 《축약 목적 대명사 la》의 차이는?

관사는 명사를 수식하고 한정하는 역할을 하는데, 남성관사, 여성관사로 나누며, 단수, 복수 형태로 나누어 진다.

남성: el / los (단수 / 복수)   el libro 책, los libros 책들

여성: la / las (단수 / 복수)   la casa 집, las casas 집들

축약목적대명사 《la》의 경우는 여성 직접목적어 단수형태를 동사 앞에 위치하게 될 때 사용한다.

Yo tengo la meleta. → Yo la tengo. 나는 그것(책가방)을 가지고 있다.

0013 ¿Cómo se llama usted?
▶ 당신의 이름이 어떻게 되시죠?

+ 어!? 이건 알고 있나?

▶ 《Usted》과 《Tú》의 차이는?

일반적인 존칭으로 생각하는 Usted은 존칭이기 보다는, 예의를 갖추거나 아직 친숙하지 않은 관계에서 통상적으로 사용한다. 중남미에서는 Vosotros(너희들)이라는 표현을 거의 사용하지 않으며, Ustedes로 대체해서 사용한다.

영어 2인칭 단수 You를 그대로 스페인어로 적용시킨 것이 Tú이다.

PRIMER CURSO

0014 No hace falta hablar de ello.
▶ 그것에 관해 말할 필요 없다.

✚ 에!? 이건 알고 있나?

▶ 중성 대명사 《ello, esto, eso, aquello》는 언제 사용하는가?

중성대명사는 일반적으로 앞에서 말한 내용을 지칭해서 사용하거나, 지시대명사 중성의 경우는 처음 물어보는 표현해서 어떤 것도 알지 못하는 것을 물어볼 때 사용하기도 한다.

- ¿Qué es eso? 그것은 무엇입니까?
- Eso es imposible. 그것은 불가능하다.

0015 El señor Paco cuida mucho la gata.
▶ 빠꼬 씨는 고양이를 열심히 돌본다.

✚ 에!? 이건 알고 있나?

▶ 정관사 《el》과 부정관사 《un》의 차이는?

정관사 el은 영어 정관사 the와 같은 의미를 가지며, 부정관사 un은 영어의 a(an)을 의미한다. 그러나 영어와는 다르게 남성 단수 앞에서만 사용하는 관사들이다.

El libro 그 책 / un libro 한권의 책

0016 **Los** niños están durmiendo en la cama.
▶ 그 아이들은 침대에서 자고 있다.

+ 어!? 이건 알고 있나?

▶ 관사 《los》와 직접목적어 축약형 《los》의 구별은?

영어의 정관사 the의 의미를 갖는 los는 남성복수 명사 앞에서 사용하며, 한편으로는 동사 앞에 사용될 경우, 남성복수 또는 혼성복수를 의미하는 축약형 직접목적 대명사 형태임.

- Los libros. 책들.
- Ellos los tienen. 그들은 그것들을 가지고 있다.
- Ellos tienen los libros. 그들은 책들을 가지고 있다.

0017 Deme **un** periódico.
▶ (하나의) 신문을 제게 주세요.

+ 어!? 이건 알고 있나?

▶ 《un》을 사용할 때와 사용하지 않을 때의 구별.

'어떤 또는 한 개'의 의미를 가지고 있는 un은 일반적으로 영어와 비교했을 때, 사용하지 않는 곳이 있다. ser동사 다음에 직업을 나타낼 때, 단위 100과 1000을 나타낼 때는 절대 un을 사용하지 않는다.

- Él es profesor. 그는 선생님이다.
- Ella tiene cien libros. 그녀가 백 권의 책을 가지고 있다.
- Mil estudiantes llegarán al estadio.
  천 명의 학생들이 경기장에 도착할 것이다.

0018 **Es necesario escribir con unos lápices.**
▶ 몇 개의 연필을 가지고 쓰는 것이 필요하다.

✚ 에!? 이건 알고 있나?

▶ 왜 형용사 뒤에 동사원형이 가능한가요?

스페인어 문법에서 동사원형이 명사역할을 하는데, 'ser(3인칭단수) + 형용사 + 동사원형'의 유형에서 동사원형은 문장의 문법적 주어역할을 한다. 그럼으로 ser동사는 항상 3인칭 단수형태를 유지하게 된다.

- **Es fácil leer el libro.** 책을 읽는 것은 쉽다.

0019 **No me gusta hacer siempre lo mismo.**
▶ 난 항상 같은 것을 하는 것을 좋아하지 않는다.

✚ 에!? 이건 알고 있나?

▶ 〈lo + 남성단수 형용사 = 추상명사〉

추상명사는 성(性)분화를 할 수 없으며, 형용사적 의미를 명사화해야 함으로 남성단수형의 형용사와 중성관사를 붙여 만드는 것이다.

- **Lo necesario** 필요한 것
- **Lo fácil** 쉬운 것

0020 **Nosotros nos vamos a la fiesta de Sancho.**
▶ 우리는 산초의 파티에 갈 것이다.

+ 어!? 이건 알고 있나?

▶ 주어는 반드시 써야 하는 가?

스페인어에서 주어를 반드시 사용할 필요가 없다. 동사가 인칭과 수에 따라 변화하기 때문에 주어를 강조하는 경우가 아니고서는 기능적으로는 사용하지 않아도 문제가 되지 않는다. 단, 3인칭일 경우는 주어를 분명히 해주고자 할 때, 사용한다.

- Tengo dos libros ahora. 난 지금 두 권의 책을 가지고 있다.
- ¿Es ella tu amiga? 그녀가 네 친구니?

0021 **En verano nos gusta estar junto al mar.**
▶ 여름에 우리는 바다 옆에 있고 싶다.

+ 어!? 이건 알고 있나?

▶ 《nos》와 《nosotros》의 차이는?

nos는 축약형 목적어로 직접목적어와 간접목적어로 사용이 되며, 재귀형으로 자동사화를 시킬 때 사용이 된다. nosotros는 주어로 사용되는 것 이외에 전치사 뒤에서 사용되는 목적어와 인칭대명사 목적어로 동사 뒤에 a nosotros로 직접목적어와 간접목적어로 사용된다.

- Nos levantamos a las siete. 우리는 7시에 일어난다.
- Nos lo dieron ayer. 어제 우리에게 그것을 주었다.
- Ella no envió nada a nosotros. 그녀는 우리에게 아무것도 보내지 않았다.

PRIMER CURSO

0022 **Os llamamos pero vosotros no estabais.**
▶ 우리는 너희들에게 연락을 했지만, 너희들은 있지 않았다.

✚ 어!? 이건 알고 있나?

▶ 《Vosotros》와 《Ustedes》의 차이는?

스페인에서는 두 가지를 모두 사용하며, 친숙하거나 나이가 어린 사람에게는 vosotros를 사용하고, 초면이거나 격식을 갖춘 자리에서는 Ustedes를 사용한다. 하지만, 중남미에서는 Vosotros를 거의 사용하지 않으며, 대부분 Ustedes로 대체한다.

- Vostoros sois españoles. 너희들은 스페인 사람들이다.
- Ustedes son mexicanos. 당신들은 멕시코 사람들이다.

0023 **Os damos lo que queríais.**
▶ 우리는 너희들이 원했던 것을 너희들에게 줬다.

✚ 어!? 이건 알고 있나?

▶ 《lo que》는 관계사인가? 아니면 대명사인가?

lo que가 관계사로 사용될 때는 선행사를 포함한 의미로 영어의 'what'을 의미한다. 그러나, 대명사로 사용될 때는 중성의미로 앞에서 나온 대화의 내용을 모두 받을 때, 사용한다.

- Lo que entiendo es por qué me llamaste.
  내가 이해하는 것은 네가 나에게 전화했던 이유이다.
- Ella es muy bonita. Por lo que, ella es muy popular entre los chicos.
  그녀는 매우 예쁘다. 그래서 그녀는 소년들 사이에서 매우 인기가 많다.

0024 **Ellos** son los primos de María.
▶ 그들은 마리아의 사촌들이다.

+ 어!? 이건 알고 있나?

▶ 《Ellos》와 《Ello》의 차이는?

Ellos는 남성 복수의 인칭대명사이며, Ello는 중성 대명사로 사건이나 내용을 수식하는 역할을 한다.

- No estoy de acuerdo con ellos. 난 그들의 의견에 동의하지 않는다.
- Hubo una gran crisis. Ello se debió a una cierta inestabilidad del mercado.

  큰 위기가 있었다. 그것은 곧 시장의 어떠한 불안정을 의미했다.

0025 **Les** dan **a los niños** un helado.
▶ 그들은 아이들에게 아이스크림을 준다.

+ 어!? 이건 알고 있나?

▶ 《Les》를 구체적으로 지칭하는 방법은?

인칭 목적어, 특히나 간접목적어의 경우는 동사 뒤에 한번 더 표기를 함으로써 그 대상을 분명하게 나타낸다.

- Ella les enviaron los regalos a las profesoras.

  그녀는 선생님들께 선물을 보냈다.

0026 **Ellas asisten a la escuela.**
▶ 그녀들은 등교한다.

✚ 어!? 이건 알고 있나?
▶ 《atender》와 《asistir》의 차이는?

atender는 '(사람 등)을 시중들다'의 의미를 가지고 있으며, asistir는 '(학교, 회의 등)에 참석하다, 다니다'의 의미를 가지고 있다. 영어의 'attend the school'과 혼동해서는 안 된다.

- Ellos atienden a los viejos. 그들은 노인들 시중을 든다.
- Mi profesor asistió a la conferencia. 우리 선생님은 회의에 참석하셨다.

0027 **No las llamamos porque era tarde.**
▶ 시간이 너무 늦었었기 때문에, 우리는 그녀들을 부르지 못했다.

✚ 어!? 이건 알고 있나?
▶ 《porque》와 《como》의 차이는?

《porque》는 《영어의 because》, 《como》는 《영어의 as》와 동일하게 사용.
즉, 시작하는 문장에서 '~때문에'로 의미를 사용할 때는 《como》를 두 번째 이후의 문장에서는 《porque》를 사용한다. 《como》의 경우는 '~처럼, ~와 같이'라는 의미도 가지고 있다.

0028 Con ustedes no se puede discutir.
▶ 당신들과 토론을 할 수가 없다.

+ 어!? 이건 알고 있나?

▶ 《Ustedes》를 《Uds》.으로 사용하기.

영어에서 호칭을 줄여서 쓰듯이 스페인어에서도 축약 형태로 사용하는 경우가 아래와 같이 많이 있다.

Señor ▶ Sr.(~씨/ 남성)   Señora ▶ Sra.(~씨/ 여성)
Usted ▶ Ud. 당신   Ustedes ▶ Uds. 당신들

0029 María se levanta muy temprano.
▶ 마리아는 매우 일찍 일어난다.

+ 어!? 이건 알고 있나?

▶ 《se》 수동형과 《ser + ~ado/~ido》 수동형의 차이.

행위자를 반드시 밝혀야 하는 경우는 'por + 행위자'를 나타낼 수 있는 경우는 'ser + ~ado/~ido형'을 만드는 문장에서 가능하며, 행위자를 나타낼 필요 없는 상황에서는 se를 사용한 수동형을 사용한다.

· Se abre la puerta a las 9. 문은 9시에 열린다.
· La puerta es abierta por el jefe. 문은 사장에 의해 열린다.

PRIMER CURSO

0030 Antonio solo piensa en sí mismo.
▶ 안또니오는 오직 바로 자신만을 생각한다.

✚ 어!? 이건 알고 있나?

▶ 3인칭 재귀형 말하기를 위한 《sí》의 사용.

1, 2인칭의 경우 지칭하는 것이 하나이기 때문에 재귀형을 말할 때, 목적형을 그대로 사용하면 되지만, 3인칭일 경우는 다른 사람을 지칭할 수 있는 경우가 존재함으로 sí를 사용한다.

- Yo pienso en mí mismo. 난 나 자신을 생각한다.
- Tú piensas en ti misma. 넌 너 자신을 생각한다.
- Él piensa en sí mismo. 그는 그 자신을 생각한다.

0031 **Ella lleva el paraguas consigo.**
▶ 그녀는 직접 우산을 가져간다.

✚ 에!? 이건 알고 있나?

▶ 《conmigo, contigo, consigo》의 사용.

'con + 인칭 대명사'를 만드는 것은 다른 전치사들과 다소 다른 모습을 띄게 된다. 특히 3인칭에서는 재귀의 의미를 갖는 경우가 아니라면, con él, con ella, con usted 등과 같이 사용을 하는 차이가 있다.

⟨다른 전치사 + 인칭 대명사⟩

- de mí, a mí, para mí
- de ti, a ti, para ti

⟨con + 인칭대명사⟩

- conmigo
- contigo
- con él, con ella, con usted
- con nosotros, con nosotras
- con vosotros, con vosotras
- con ellos, con ellas, con ustedes

⟨con + 재귀 의미의 대명사⟩

※ 3인칭 단/복수의 경우만 차이가 난다.

- consigo
- Ella lleva el paraguas consigo. 그녀가 직접 우산을 가져간다.

PRIMER CURSO

0032 **Esta fruta está muy buena.**
▶ 이 과일은 매우 좋다.

✚ 에!? 이건 알고 있나?

▶ 《esto, este, esta》의 차이.

esto(이것)는 중성대명사이며, este는 남성 단수 형용사 또는 대명사, esta는 여성 단수 형용사 또는 대명사이다. 중성의 경우는 모르는 사물을 지칭할 때 사용하거나, 또는 이전 문장에서 내용을 모두 받아 수식하는 지시사로 사용된다.

· Este hombre es mi amigo. 이 남자는 내 친구입니다.
· Esta mujer es nuestra guía. 이 여성은 우리의 가이드입니다.
· ¿Qué es esto? 이것은 무엇입니까?

0033 **Ese coche de ahí es como el mío.**
▶ 거기에 있는 그 차는 내차와 같은 것이다.

✚ 에!? 이건 알고 있나?

▶ 《este, ese, aquel》의 차이?

este(이[것]), ese(그[것]), aquel(저[것])은 영어의 this, that과는 약간 차이가 있는데, este는 말하는 화자와 가까이 있는 경우, ese는 청자와 가까이 있는 경우, aquel은 제 3의 위치를 언급하는 것이다.

0034 **Aquel día hizo un frío terrible.**
▶ 그날은 끔찍하게 추웠다.

✚ 어!? 이건 알고 있나?

▶ 《Aquel día》의 번역은?

este, ese, aquel은 '이, 그, 저'로 구분해서 학습을 하면서, 대부분의 학생이 '그날'을 ese día로 사용하는 경우가 많다. 하지만, 시기적으로 과거의 먼 거리를 나타낼 때는 aquel을 사용하며, 그 번역은 한국어에 맞게 '그날'로 하는 것을 알아둔다.

0035 **Esto no me gusta.**
▶ 이것을 난 좋아하지 않는다.

✚ 어!? 이건 알고 있나?

▶ 중성 《esto, eso, aquello》는 복수형이 있는가?

중성 복수형이 존재하지 않는다. 중성은 모르는 사물을 지칭하는 단수형과 사건이나 내용 등을 수식할 때 사용하는 역할을 한다.

· Ella estudiaba mucho. Por eso, aprobará el examen.

그녀는 열심히 공부했었다. 그래서 시험에 합격할 것이다.

0036 ¿Qué es eso?
▶ 그것은 뭐죠?

+ 에!? 이건 알고 있나?

▶ 의문사 《qué》는 대명사로만 사용하는가?

의문사 qué는 영어의 what과 똑같은 역할을 한다. 그럼으로 명사역할 이외에 형용사 역할도 된다.

- ¿Qué libro tienes que comprar? 넌 무슨 책을 사야만 하니?

0037 Aquello sí que fue bonito.
▶ 저것은 사실 좋은 것이었다.

+ 에!? 이건 알고 있나?

▶ 《sí que》는 무슨 역할을 하는가?

sí que는 영어의 yes의 역할을 하는 '긍정의 강조' 삽입구이다.

0038 **Mis padres** se van de vacaciones mañana.
▶ 나의 부모님은 내일 바캉스를 가신다.

✚ 에!? 이건 알고 있나?

▶ 《los padres》는 어떻게 번역하는 가?

아버지(padre)와 할아버지(abuelo) 등의 남성호칭 복수를 사용하는 경우에 부부를 나타내는 경우가 대부분이다. 여성 복수를 사용하게 되는 경우는 실질적으로 복수의 동성을 의미한다.

- los tíos 삼촌부부(삼촌과 숙모)
- las tías 숙모님들

0039 ¿**Tu** nieta también vive en Barcelona?
▶ 네 손녀는 또한 바르셀로나에 사니?

✚ 에!? 이건 알고 있나?

▶ 소유격도 형용사처럼 사용되는 가?

스페인어에서 소유격의 형태는 영어와는 다르게 수식하는 명사의 성과 수에 일치를 시킨다. 일반적으로 1인칭복수와 2인칭복수에서 남성과 여성을 구별하고 이외에서는 성구별은 없이 수(número)의 차이만 존재한다.

- mi libro(내 책)   mi casa(내 집)
- mis libros(내 책들)   mis casas(내 집들)
- nuestro libro(우리 책)   nuestra casa(우리 집)
- nuestros libros(우리 책들)   nuestras casas(우리 집들)

0040 **Estas llaves son tuyas, ¿no?**
▶ 이 열쇠는 네 것이지, 아닌가?

✚ 어!? 이건 알고 있나?

▶ 소유대명사.

영어에서 소유격과 다른 소유대명사는 소유격이 지칭하는 사물을 판별하기 조금 어렵게 되어 있다. 하지만 스페인어에서 소유대명사는 소유격이 수식하는 사물이 남성, 여성, 단수, 복수로 구별해서 기록할 수 있다.

〈영어〉

- my book, my house, my books, my houses → mine, mine, mine, mine

〈스페인어〉

- mi libro, mi casa, mis libros, mis casas → el mío, la mía, los míos, las mías

0041 **Tú eres mío.**
▶ 너는 내꺼야.

✚ 어!? 이건 알고 있나?

▶ 명사의 앞, 뒤로 가는 소유격 형태는?

명사 앞으로 가는 형태의 소유격 형태와 뒤로 가는 형태는 완전하게 구별이 된다.

의미	〈앞 형태〉	〈뒤 형태〉
나	mi, mis	mío, mía, míos, mías
너	tu, tus	tuyo, tuya, tuyos, tuyas
그(녀)	su, sus	suyo, suya, suyos, suyas
우리	nuestro, nuestra, nuestros, nuestras	nuestro, nuestra, nuestros, nuestras
너희들	vuestro, vuestra, vuestros, vuestras	vuestro, vuestra, vuestros, vuestras
그(녀)들	su, sus	suyo, suya, suyos, suyas

0042 ¿Qué desea usted?
▶ 당신은 **무엇**을 원하시나요?

+ 어!? 이건 알고 있나?

▶ 의문사 《Qué》와 감탄사 《Qué》의 차이?

의문사는 명사나 형용사 역할을 하며, 영어의 what의 의미를 그대로 가지고 있다. 감탄사 앞에서의 Qué의 경우는 형용사, 부사의 역할을 함으로 명사, 형용사, 부사를 수식할 수 있다.

- ¡Qué sorpresa! 와, 놀랍다!
- ¡Qué rico! 와, 맛있다!
- ¡Qué bien! 와, 좋다!

0043 ¿Cuántos apellidos tienen los españoles?
▶ 스페인 사람들은 **몇 개의** 성(姓)을 가지고 있나요?

+ 어!? 이건 알고 있나?

▶ Cuánto가 형용사로 사용되는 경우는?

Cuánto는 영어의 how many 또는 how much 의미를 가지며, 명사를 수식하는 형용사로 명사의 성과 수에 따라 그 형태를 cuánto, cuánta, cuántos, cuántas로 형태가 바뀐다.

- ¿Cuánto dinero~? 얼마의 돈을…?
- ¿Cuánta agua~? 얼마의 물을…?
- ¿Cuántos libros~? 몇 권의 책들을…?
- ¿Cuántas maletas~? 몇 개의 가방을…?

PRIMER CURSO

0044 ¿**Cuánto** cuesta este libro?
▶ 이 책은 얼마인가요?

+ 에!? 이건 알고 있나?

▶ 《Cuánto》가 남성 단수로만 사용되는 경우는?

Cuánto가 단독으로 사용되는 경우는 영어의 how much와 같이 '(돈) 얼마인지'의 의미를 갖는다.

- ¿Cuánto es la bolsa? 가방은 얼마입니까?
- ¿Cuánto vale el coche? 자동차는 얼마입니까?

0045 ¿**Cuál** es la capital de Corea?
▶ 한국의 수도는 어디죠?

+ 에!? 이건 알고 있나?

▶ 《Cuál》은 영어의 which와 동일할까?

기본적 의미는 동일하지만, 문법적 용법에서 cuál은 형용사적으로 사용되지 않는다. 구어체에서는 흔히들 사용하지만, 문어체나 시험에서는 허용되지 않음을 꼭 기억해야 한다.

- ¿Cuál es su nombre? 당신의 이름은 어떻게 되시죠?
- ¿Cuál de los libros te gusta? 네가 좋아하는 책은 어떤 것이니?

0046 ¿De quién es esta maleta?
▶ 이 가방은 누구 것이죠?

+ 어!? 이건 알고 있나?

▶ 영어처럼 전치사가 의문사와 분리될 수 있는가?

영어의 문장은 대부분 분리를 시키고, 전치사를 의문사와 합쳐놓는 경우가 틀리지는 않지만, 오히려 보기 힘들다. 하지만, 스페인어는 분리시키는 것을 절대 허용하지 않는다.

- Where are you from? 넌 어디 출신이니?
- From where are you?
- ¿De dónde eres tú? 넌 어디 출신이니?

0047 ¿Cuándo vienen los demás?
▶ 나머지 사람들은 언제 오니?

+ 어!? 이건 알고 있나?

▶ 《Cuándo》와 《A qué hora》의 차이는?

두 의미는 《영어의 when》과 《what time》의 차이라고 볼 수 있다. 시간의 범위가 다소 넓게 적용되는 것이 《Cuándo》와 시간에만 국한되는 것은 《A qué hora》이다.

- ¿Cuándo vendrás? 언제 오니?
- ¿A qué hora vendrás? 몇 시에 오니?

0048 ¿Dónde estás tú?
▶ 넌 어디에 있니?

✚ 에!? 이건 알고 있나?

▶ 《Dónde》는 부사인가? 명사인가?

장소를 나타내는 《dónde》는 부사의 역할도 하며, 명사의 역할도 한다. 그럼으로 단독으로 사용되는 경우는 부사이며, 전치사와 함께 사용될 때는 명사이다.

- ¿De dónde vienes? 어디서 왔니?
- ¿A dónde vas? 어디 가니?

0049 ¿Por qué no estudias tanto?
▶ 왜 너는 그렇게 공부하지 않니?

✚ 에!? 이건 알고 있나?

▶ 《por qué》와 《porque》의 차이는?

《의문사 por qué(왜~?)》와 《접속사 porque(왜냐하면)》은 《영어의 why와 because》의 용법과 동일하다. 의문사에는 강세부호가 있고, 띄어쓰기를 한다는 점을 주의해야 한다.

- Ella juega a los videojuegos
  porque ella debe pasar 2 horas para esperarte.
  그녀는 비디오게임을 하고 있다.
  왜냐하면 그녀는 너를 기다리기 위해 2시간을 보내야 한다.

0050 La mujer que me ha saludado es la madre de María.
▶ 내게 인사한 여자 분은 마리아의 어머니이시다.

✚ 에!? 이건 알고 있나?

▶ 《스페인어 que》는 《영어 관계사 that》의 역할과 동일한가?

《스페인어 que》는 《영어의 that 역할》 이외에 《than》의 역할도 한다. 그리고 《lo que》로 사용될 때는 《영어의 what》의 역할도 한다는 것에 신경을 써야한다.

※ 관계대명사 《que》는 종속절의 〈주어와 직접목적어〉 역할을 한다.

- Ella baila mejor que mi amiga. 그녀는 나의 친구보다 춤을 더 잘 춘다.
- Lo que quiero tener es el ordenador nuevo. 내가 갖고 싶은 것은 새 컴퓨터이다.

0051 **Ya no me acuerdo de lo que te dije ayer.**
▶ 이제 난 어제 네게 말했던 것에 대해 기억하지 못한다.

✚ 에!? 이건 알고 있나?

① 《lo que》와 《los que》는 어떤 차이?

《lo que》와 《los que》는 단수, 복수의 차이가 아니다. 《lo que》는 선행사를 포함하고 있는 《영어의 what》의 역할이며, 《los que》는 《영어의 that》의 역할을 하지만, 선행사가 남성복수 명사일 경우에만 사용할 수 있다.

- No puedo comprar la bolsa en los grandes almacenes en los que esa es muy cara.

  난 백화점들에서는 가방을 살 수 없다. 그곳에서는 그것이 너무 비싸다.

② 《lo que》, 《el que》, 《la que》의 차이는?

《que》 앞에 있는 《lo》, 《el》, 《la》는 관사임으로 중성, 남성, 여성의 의미를 가지고 있다. 관계사로 선행사를 포함하고 있는 《영어의 what》과 같은 역할을 《lo que》가 있으며, 《영어의 that》 역할을 세분화하여 수식해야할 선행사가 남성단수일 경우는 《el que》, 여성단수일 경우는 《la que》를 사용한다.

- El que vino ayer Antonio, no Fernando.

  어제 온 사람이 안또니오이지, 페르난도가 아니다.

0052 **Este es el libro del cual te he hablado.**
▶ 이것은 내가 네게 말했던 책이다.

✚ 어!? 이건 알고 있나?

▶ 《el cual》, 《la cual》, 《los cuales》, 《las cuales》의 차이는?

《el cual》, 《la cual》, 《los cuales》, 《las cuales》는 앞에 언급되었던 명사의 성·수를 맞추어 추가정보를 제시하기 위해 언급하는 대명사이다.

· He visto un libro de gramática, el cual te puede servir para tu clase.
난 문법책을 한권 봤다. 그 책은 네게 수업을 위해 도움을 줄 수 있다.

0053 **Jaime fue quien rompió la mesa.**
▶ 하이메는 책상을 부수었던 사람이었다.

✚ 어!? 이건 알고 있나?

▶ 《que》와 《quien》의 차이?

영어로 번역할 때는 《that》과 《who》의 차이라고 볼 수 있지만, 《que》는 종속절의 주어나 직접목적어일 때 사용을 하고, 《quien》은 전치사와 함께 오거나 간접목적어에 사용되는데, 선행사가 불특정 사람이라는 의미를 가지고 나타나 있지 않을 때도 사용한다.

· Ayer estuve con María, de quien te hablé el otro día.
네게 언젠가 말했던 마리아와 어제 함께 있었다.

· Quien habla mucho piensa poco.
말 많은 사람이 생각이 거의 없다(빈 수레가 요란하다).

0054 **Esta es la familia cuyos hijos viven en Lima.**
▶ 이 가족의 자녀들은 리마에서 살고 있다.

✚ 어!? 이건 알고 있나?

▶ 《cuyo》는 관계 형용사인가?

《cuyo》는 《영어의 whose 의미》와 동일한 관계형용사로 뒤에 수식할 명사의 성·수에 그 형태를 일치 시켜야 한다.

- El estudiante, cuyos profesores están en huelga hará los exámenes con otros profesores.
  선생님들이 파업 중이어서, 그 학생은 다른 선생님들과 시험을 볼 것이다.

0055 **¿Ha venido alguien a recoger el paquete?**
▶ 소포를 받은 사람이 왔니?

✚ 어!? 이건 알고 있나?

▶ 《algo》와 《alguien》의 차이는?

《algo》는 《영어의 something》, 《aguien》은 《영어의 somebody》의 의미로 정확하지 않은 사물과 사람을 지칭하는 말이다. 두 어휘 모두 긍정문장에서 사용한다.

- Hay algo sobre la mesa. 책상 위에 무엇인가 있다.
- Hay alguien en el aula. 누군가 교실에 있다.

0056 **Nadie** sabe dónde están las llaves.
▶ **누구도** 열쇠가 어디에 있는지 모른다.

✚ 에!? 이건 알고 있나?

▶ 《nada》와 《nadie》의 차이는?

《nada》는 《영어의 nothing》, 《nadie》은 《영어의 nobody》의 의미로 정확하지 않은 사물과 사람을 지칭하는 말이다. 두 어휘 모두 부정문장에서 사용한다.

- No hay nada sobre la mesa. 책상 위에 아무 것도 없다.
- No hay nadie en el aula. 교실에 아무도 없다.

0057 ¿**Alguno** de ustedes va a comprar el periódico?
▶ 당신들 중에 **누가** 신문을 사러 가죠?

✚ 에!? 이건 알고 있나?

▶ 《algo》와 《alguno》가 명사로 사용될 때, 차이는?

일반적으로 '어떤 것'의 의미를 나타내는 말은 《algo》를 사용한다. 하지만 '~중에 어떤 것'이라는 의미로 사용될 때는 《alguno》를 사용한다. 물론 남성, 여성, 복수 일 때, 그 형태는 변형이 된다.

- Ella tiene algo en el bolsillo. 그녀는 주머니에 무엇인가를 가지고 있다.
- Ella tiene alguno de los libros. 그녀는 어떤 책인 가를 가지고 있다.

0058 **Algunas veces preferimos estar en casa a salir.**
▶ 몇 번이고 우리는 나가는 것보다는 집에 있는 것을 선호했다.

✚ 에!? 이건 알고 있나?

▶ 《alguno》가 형용사로 사용될 때는 어떤 형태인가?

《alguno》는 뒤에 수식할 명사의 성과 수에 따라 《algún》, 《alguna》, 《algunos》, 《algunas》 형태를 띠게 된다. 긍정문에서 사용되는 형태이며, 의미는 '어떤, 몇 개의(복수형)'이다.

- algún libro 어떤 책
- alguna maleta 어떤 가방
- algunos hombres 어떤 남자들
- algunas mujeres 어떤 여자들

0059 **Aquí no hay ningún hotel.**
▶ 여기는 어떤 호텔도 없다.

✚ 에!? 이건 알고 있나?

▶ 《ninguno》가 형용사로 사용될 때는 어떤 형태인가?

《ninguno》는 뒤에 수식할 명사의 성과 수에 따라 《ningún》, 《ninguna》, 《ningunos》, 《ningunas》 형태를 띠게 된다. 부정문에서 사용되는 형태이며, 의미는 '어떤~ 아닌'이다.

- No tengo ningún libro. 난 어떤 책도 가지고 있지 않다.
- No hay ninguna maleta aquí. 여기에는 어떤 가방도 없다.

0060 **Cada** día nuestra situación es más crítica.
▶ 매일 우리상황은 더 위독해지고 있다.

+ 어!? 이건 알고 있나?

▶ 《cada》의 용법은?

《cada》는 영어의 each 또는 every의 의미를 가지고 있다. 뒤에 수식하는 명사의 일정한 간격을 말해주는데, 스페인어에서는 복수를 사용해서 이 의미를 대체하는 경우가 많다.

- cada día = todos los días 매일
- cada lunes = todos los lunes 매주 월요일

0061 Este es el **mismo** modelo que el tuyo.
▶ 이것은 네 것과 같은 모델이다.

+ 어!? 이건 알고 있나?

▶ 《mismo》는 형용사로만 사용되는 가?

《mismo》는 명사, 형용사, 부사로 사용되며, 형용사와 부사로 사용될 때는 그 수식하는 말을 명확히 하는 역할을 한다. 하지만, 명사는 대명사로 '동일한 것(사람)'을 의미하는 역할을 한다.

- Me voy ahora mismo. 저는 지금 당장 가요.
- Yo me parezco mucho a mi madre. Tenemos el mismo carácter.
  저는 엄마를 많이 닮았어요. 우리는 같은 성격을 가지고 있습니다.
- Reconoces estos libros. Son los mismos que tú me dejaste.
  너는 이 책들을 알고 있지. 네가 내게 줬던 것과 동일한 것들이다.

0062 **Todo** el mundo sabe que eso no es mentira.
▶ 모두가 그것이 거짓이 아니라는 것을 안다.

✚ 에!? 이건 알고 있나?

▶ 《Todo el mundo》는 '모든 사람'이라는 뜻?

《el mundo》는 '세계'라는 의미를 가지고 있다. '전 세계'라는 《todo el mundo》는 '모든 사람'이라는 뜻으로 사용이 된다. 《todo》는 관사 앞에서 쓰는 형용사라는 것을 꼭 알아두자.

- Toda el agua clara 모든 깨끗한 물
- Todos los lunes 매주 월요일

0063 Te hemos escrito **varias** cartas pero no has contestado.
▶ 우리가 네게 여러 편지를 썼다. 하지만, 너는 답이 없었다.

✚ 에!? 이건 알고 있나?

▶ 《varios》, 《muchos》, 《diferentes》의 차이는?

《다양한(varios)》, 《많은(muchos)》, 《다른(diferentes)》이라고 해석되는 데, 뒤에 수식하는 명사의 성과 수에 따라 그 형태가 차이가 난다.

- Varias cosas 다양한 것들
- Muchos libros 많은 책들
- Diferentes personas 다른 사람들

0064 **Ciertas** notiacias deberían salir más en la prensa.
▶ 어떤 소식들이 언론에서 더 나올 수가 있을 것이다.

✚ 어!? 이건 알고 있나?

▶ 《Cierto》는 위치에 따른 해석이 다른 가?

Cierto가 Ser 동사 뒤에 사용될 때, '확실한'이란 의미를 가지며, 명사를 수식할 때는 '어떤'이란 의미를 가진다.

- Es cierto que ella es mi prima. 그녀가 내 사촌인 것이 분명하다.
- Ciertas palabras me sufrieron mucho. 어떤 말은 나를 매우 고통스럽게 했다.

0065 Hablando de **otra** cosa, ¿cómo están tus hijos?
▶ 다른 것을 말하면서, 네 자녀들은 어때?

✚ 어!? 이건 알고 있나?

▶ 《un día》와 《otro día》의 차이?

두 어휘 모두 '어느 날'이라는 뜻인데, 《un día》는 '과거의 어느 날'이며, 《otro día》는 '미래의 어느 날'이다.

0066 ¡Jamás he visto tal cosa!
▶ 난 그러한 것을 결코 본적이 없다.

✚ 어!? 이건 알고 있나?

▶ 《Tal》 의미는 부정적인가?

부정적인 면도 있으며, 정확하지 않은 것을 지칭하는 것도 말한다.

- No conozco a tal hombre. 난 그러한 남자를 알지 못한다.
- Haz tales y tales cosas. 그러그러한 것들을 해라.

0067 Iremos a las cuatro.
▶ 우리는 4시에 갈 것이다.

✚ 어!? 이건 알고 있나?

▶ 전치사 《a》는 어떻게 사용?

① 장소 : Voy a la escuela. 난 학교로 간다.

　　　　Ella está a la puerta. 그녀가 문 가에 있다.

② 사람 : No conozco a ella. 난 그녀를 모른다.

③ 시간 : Me levanto a las seis. 난 6시에 일어난다.

0068 Carlos va con María al cine.
▶ 까를로스는 마리아와 영화관에 간다.

✚ 에!? 이건 알고 있나?

▶ 영어의 《He is kind to her.》를 스페인어로 번역하면?

《Él es amable con ella.》로 번역하는데 영어의 to를 스페인어에서는 '대상과 더불어 있다'는 의미로 《con》을 사용한다.

0069 No salgas a la calle sin abrigo.
▶ 외투없이 거리에 나가지 마라.

✚ 에!? 이건 알고 있나?

▶ 《sin + 명사》에서 관사를 사용하는 가?

대부분 어구에서 관사를 사용하지 않으며, 강조형으로 부정관사를 사용하는 경우는 있다.

- Sin duda 의심 없이
- Sin un centavo 한 푼 없이

0070 **Mi mamá sale de casa.**
▶ 나의 엄마는 집에서 나가신다.

✚ 어!? 이건 알고 있나?

▶ 전치사 《de》는 어떻게 사용?

① 장소 : ¿De dónde vienes? 너는 어디로부터 오니?

② ~관해 : Hablé de María. 나는 마리아에 대해 말했다.

③ 소유 또는 원료 : Este coche es de Juan. 이 차는 후안 것이다.

Este anillo es de oro. 이 반지는 금 재질이다.

0071 **Estos dulces son para los niños.**
▶ 사탕은 애들을 위한 것이다.

✚ 어!? 이건 알고 있나?

▶ 전치사 《para》는 어떻게 사용?

① ~위하여 : Esta carta es para ella. 이 편지는 그녀(를 위한) 것이다.

② ~를 향해 : Ellos se fueron para la montaña. 그들은 산을 향해서 갔다.

③ ~까지 : Terminaré este trabajo para mañana. 난 내일까지 이 일을 끝낼 것이다.

0072 **Ella no viene por el frío.**
▶ 그녀는 추위 때문에 오지 않는다.

✚ 어!? 이건 알고 있나?

▶ 전치사 《por》는 어떻게 사용?

① ~ 때문에 : Lo comí por la salud.

건강 때문에 그것을 먹었다.

② ~ 통해서 : Por la ventana se ve la montaña.

창문을 통해서 산이 보인다.

③ ~ 의해서 : La escuela fue construida por Cecilia.

그 학교는 쎄실리아에 의해 건축되다.

④ ~ 대가로 : Tomé el bocadillo por el desayuno.

난 아침으로 샌드위치를 먹었다.

⑤ ~ (단위) 당 : Pago cien euros por una noche.

난 하루(밤)에 100유로를 지불한다.

⑥ ~ 동안 : Por dos semanas

2주 동안

PRIMER CURSO

0073 **A pesar del mal tiempo hacemos una excursión.**
▶ 날씨가 나쁘지만 우리는 소풍을 간다.

✚ 어!? 이건 알고 있나?

▶ 《A pesar de》와 동의어는?

《Pese a》라는 표현은 《~에도 불구하고》라는 의미를 가지고 있다.

《aunque》의 경우는 의미적으로 《비록~하지만》을 의미해서 유사한 느낌이지만, 문장을 이끌어야 하는 관계사 역할을 함으로 정확하게 일치하지는 않는다.

- Aunque ella es pequeña, puede resolver el problema.
- Pese a ser pequeña, ella puede resolver el problema.

비록 그녀가 어림에도 불구하고 그 문제를 해결할 수 있다.

0074 **Hace mucho frío y, además, estamos cansados. Por eso nos vamos.**
▶ 날씨가 너무 춥다, 게다가 우리는 피곤하다. 그래서 우리는 간다.

✚ 어!? 이건 알고 있나?

▶ 《Además》와 《Encima》의 차이는?

두 가지 모두 '게다가, 이외에'라는 뜻을 가지고 있는데, 《Encima》는 부정적 의미가 강하고 《Además》는 부정적 의미가 적다.

- Me regalaron una película en DVD. La película era mala, aburrida y, encima, estaba estropeada.

그들이 내게 DVD영화를 선물했다. 그 영화는 재미없고, 지루하고, 게다가 엉망이었다.

0075 **Deme un bolígrafo rojo en vez de este azul.**
▶ 파란색 대신에 빨간색 볼펜을 제게 주세요.

✚ 어!? 이건 알고 있나?

▶ 《en vez de》를 대체하는 표현은?

《en lugar de(대신에)》를 사용할 수 있다.

- En lugar de hacer compras, quiero dar un paseo por aquí.

  쇼핑하는 대신, 이곳에서 산책을 하고 싶다.

0076 **Según el contrato no tenemos que vender este libro.**
▶ 계약에 따라 우리는 이 책을 팔아서는 안 된다.

✚ 어!? 이건 알고 있나?

▶ 《Según》의 역할은?

① 전치사 :

- Según este folleto, los lunes está cerrado el museo.

  이 소책자에 따르자면, 월요일마다 그 박물관은 문을 닫는다.

- Según Juan, mañana hay una nueva reunión.

  후안(말)에 따르자면, 내일 새로운 모임이 있다.

② 부사 :

- Hazlo según sepas. 네가 아는 대로 그것을 해라.

- Según fue creciendo, fue engordando.

  성장하는 것에 따라, 뚱뚱해져 갔다.

PRIMER CURSO

0077 Quiero ir contigo a la estación pero no tengo tiempo.
▶ 너와 함께 역으로 가고 싶지만 시간이 없다.

✚ 어!? 이건 알고 있나?

▶ 《Pero》와 《Sino》의 차이?

두 어휘 모두 '그러나, 하지만'이란 반전을 의미한다. Pero는 하지만, sino는 부정문을 긍정으로 만들 때만 사용한다는 것에 유의한다.

- Ella no es estudiante sino profesora. 그녀는 학생이 아니고, 선생님이다.

0078 Me han regresado un sombrero y un abrigo.
▶ 그들은 내게 모자와 외투를 되돌려 줬다.

✚ 어!? 이건 알고 있나?

▶ 《y(그리고)》는 단어만 연결하는 가?

단어 이외에도 문장과 문장을 연결할 때에도 사용한다.

- Creo que no debemos ir y, además, no es conveniente salir ahora de casa. 난 우리가 나가지 못한다고 알고 있다. 그리고 게다가 지금 집에서 나가는 것은 편하지 않다.

0079 **Julio e Isabel se casaron hace tres años.**
▶ 훌리오와 이사벨은 결혼한 지 삼 년째다.

✚ 어!? 이건 알고 있나?

▶ 《y》가 《e》로 바뀌는 이유는?

《y》 뒤에 따라오는 어휘가 《i~》 또는 《hi~》로 시작하는 경우. 동일한 발음으로 혼동이 될 수 있음으로 접속사의 형태를 변형해, 소리의 구별을 명확하게 한다.

- Ella habla español e inglés. 그녀는 스페인어와 영어를 말한다.

0080 **¿Quieres vino tinto o blanco?**
▶ 넌 적포도주를 원하니 아니면 백포도주를 원하니?

✚ 어!? 이건 알고 있나?

▶ 《o(또는)》은 단어만 연결하는 가?

단어 이외에도 문장과 문장을 연결할 때에도 사용한다.

- ¿Lo viste o no lo viste? 그것을 봤니 아니면 못 봤니?

0081 **Un día u otro llegará la carta.**
▶ 편지는 하루 또는 그 다음날 도착할 것이다.

✚ 어!? 이건 알고 있나?

▶ 《o》가 《u》로 바뀌는 이유는?

《o》 뒤에 따라오는 어휘가 《o~》 또는 《ho~》로 시작하는 경우. 동일한 발음으로 혼동이 될 수 있음으로 접속사의 형태를 변형해, 소리의 구별을 명확하게 한다.

- ¿Quieres este u otro? 이것 아니면 다른 것을 원하니?

PRIMER CURSO

0082 ### Si vienes a comer, yo comeré contigo.
▶ **만약** 네가 식사하러 온다면, 너와 함께 식사할 께.

✚ 어!? 이건 알고 있나?
▶ 《si》와 《sí》의 차이는?

《si》는 가정법을 만드는 《영어 if》의 역할이며, 《sí》는 《긍정의 yes》라는 의미이다.

0083 ### Este no es Mario sino su hermano menor.
▶ 이것은 마리오가 아니라 그의 남동생이다.

✚ 어!? 이건 알고 있나?
▶ 《sino》와 《sino que》의 차이는?

부정을 긍정으로 만드는 반전의 의미는 동일한데, 《sino》는 어휘를 연결할 때 사용하며, 《sino que》는 문장을 연결할 때 사용한다.

- No voy a ir solo, sino que voy a ir con toda mi familia.
  난 혼자가지 않고, 모든 가족과 함께 간다.

0084 **Ponte cómodo como si estuvieras en tu casa.**
▶ 마치 네 집에 있는 것처럼 편안하게 있어라.

✚ 어!? 이건 알고 있나?

▶ 《como si》와 《ni que》의 차이는?

두 어휘 모두 《마치 ~처럼》의 의미를 가지고 있다. 그리고 그 뒤에 동사는 접속법 과거를 사용한다는 점도 동일하다. 하지만 《ni que》의 경우는 절대로 일어나지 않을 상황을 통해 강조하는 표현법이다.

- Se queja mucho. Ni que le estuvieran golpeando.
  그는 불평을 많이 한다. 마치 사람들이 그를 때리고 있는 것 같다.

0085 **Aunque no tengo ganas, iré a tu casa.**
▶ 비록 마음이 내키지 않지만 너의 집에 갈 것이다.

✚ 어!? 이건 알고 있나?

▶ 《Aunque》 뒤에 직설법이 올 때와 접속법이 올 때의 차이는?

《직설법》이 올 때는 새로운 정보를 소개할 때와 현실 가능성이 높은 상황에서 사용하며, 《접속법》이 올 경우는 과거에 언급했거나 이미 알고 있는 사실을 말할 때 사용하며, 사실의 가능성을 판단하기 어려울 때 사용한다.

- Aunque hace calor, no te quites la chaqueta.
  비록 더울 지라도, 자켓을 벗지 마라.
- Aunque no tengas sueño, tienes que irte a la cama.
  졸립지 않더라도, 침대로 가야한다.

PRIMER CURSO

0086 **No hablé con el director, sin embargo pude hablar con la actriz.**
▶ 난 감독과 이야기하지 않았다. 하지만, 여배우와 이야기 할 수 있었다.

✚ 어!? 이건 알고 있나?

▶ 《pero》와 《sin embargo》의 차이는?

《pero》의 경우는 앞에 언급한 내용의 반대를 표시하기도 하지만, 새로운 내용을 제시하기도 한다. 《sin embargo》는 앞에 언급한 내용의 반대의 내용을 나타낸다.

· Me gusta, pero es muy caro. 나는 좋은데, 너무 비싸다.

0087 **Mientras yo estudio español, mi hermano ve la televisión.**
▶ 내가 스페인어를 공부하는 동안 내 형은 TV를 보았다.

✚ 어!? 이건 알고 있나?

▶ 《Mientras》 뒤에 직설법이 올 때와 접속법이올 때의 차이는?

《Mientras》 뒤에 직설법이 오는 경우는 현재 또는 과거를 언급하며, 동시에 일어나는 일을 말하는 것이며, 뒤에 접속법이 오는 경우는 미래를 언급하며, 동시에 일어나는 일을 말하는 것이다.

· Mientras estés de viaje, te regaré las flores.
네가 여행하는 동안, 네 꽃들에 물을 주겠다.

0088 **No me gusta ni la carne ni el pescado.**
▶ 난 고기도 생선도 싫다.

✚ 어!? 이건 알고 있나?

▶ 《y》와 《ni》의 차이는?

《y》의 경우는 긍정의 연결사로 '그리고'의 의미를 가지고 있으며, 《ni》의 경우는 부정의 연결사로 '~도 아닌'의 의미를 가지고 있다.

- Ella es amable y honrada. 그녀는 친절하고 정직하다.
- Ella no tiene ni libro ni lápiz. 그녀는 책도 연필도 가지고 있지 않다.

0089 **Trabajo los lunes, martes y miércoles.**
▶ 나는 월요일, 화요일, 수요일마다 일한다.

✚ 어!? 이건 알고 있나?

▶ 《el lunes》와 《los lunes》의 차이는?

요일에서 월요일부터 금요일까지는 그 형태가 단수와 복수가 동일하다. 그럼으로 그 어휘의 관사로 단수와 복수를 구별한다. 단수의 경우는 '그 요일'만을 이야기하며, 복수의 경우는 '매주~요일'을 의미한다.

0090 **Nos vemos el sábado que viene.**
▶ 다음 주 토요일에 만나자.

✚ 에!? 이건 알고 있나?

▶ 요일 중에 단수 형태를 가진 요일은?

토요일(el sábado)와 일요일(el domingo)이다.

0091 **¿Qué fecha es hoy?**
▶ 오늘 며칠이지?

✚ 에!? 이건 알고 있나?

▶ 《día》와 《fecha》의 차이는?

《día》는 '요일'을 의미하고, 《fecha》는 '날짜'를 의미한다.

- ¿Qué día~? 요일 묻기
- ¿Qué fecha~? 날짜 묻기

　※참조: ・ ¿Qué tiempo~? 날씨 묻기

- ¿Qué hora~? 시간 묻기

0092 **El próximo fin de semana será la fiesta.**
▶ 다음 주 주말에 축제가 개최될 것이다.

✚ 에!? 이건 알고 있나?

▶ 주말의 표현과 주중의 표현은?

주말은 《el fin de semana》로 표현하고, 주중은 《entre semana》로 표현한다.

0093 **A partir del** martes no hay clases.
▶ 화요일**부터** 수업이 없다.

✚ 에!? 이건 알고 있나?

▶ 《a partir de》는 시간적인 표현에만 사용되는가?

'시작'을 나타내는 이 표현은 시간, 행동을 모두 나타낼 수 있다.

· A partir de un supuesto falso 그릇된 가정으로부터 (시작)

0094 Sancho estuvo dos **meses** en España.
▶ 산초는 스페인에서 2**달** 동안 머물렀다.

✚ 에!? 이건 알고 있나?

▶ 시간의 단위를 모두 알고 있나?

초 : el segundo

분 : el minuto

시간 : la hora

하루(일) : el día

일주일 : la semana

달 : el mes

계절 : la estación

연도 : el año

십년 : la década

세기 : el siglo

PRIMER CURSO

0095 **Sancho tiene cumpleaños el once de enero.**
▶ 산초의 생일은 1월 11일이다.

✚ 에!? 이건 알고 있나?

▶ 요일과 달은 소문자로만 쓰는 가?

영어와 다르게 첫 글자를 대문자로 시작하지 않는다.

월요일 : el lunes　　　　1월 : enero

0096 **En febrero aún hace frío en Corea.**
▶ 2월은 아직 한국에서 춥다.

✚ 에!? 이건 알고 있나?

▶ 달을 표시할 때, 앞에 붙이는 전치사는?

영어에서 달, 계절, 연도 앞에 《in》을 붙이는데, 스페인어에서는 《en》을 붙인다.

en febrero : 2월에　　　en primavera : 봄에

en 2012　　: 2012년에

0097 **A primeros de marzo nos vamos a Sevilla.**
▶ 3월 초에 우리는 세비야에 간다.

✚ 에!? 이건 알고 있나?

▶ 《A primeros de~》처럼 남성형태만 가능한가?

'~초엽에, 초순에'라는 의미로 여성형 복수인 《a primeras de~》로 사용하는 것도 가능하다.

0098 A **principios** de este mes, voy de vacaciones.
▶ 이달 초에, 난 휴가를 간다.

+ 어!? 이건 알고 있나?

▶ 《Principio》의 의미는?

'시작, 처음'이라는 뜻 이외에도 '원리, 법칙'의 의미가 있다.

- El principio de la conservación de la energía 에너지 보존 법칙

0099 A mediados de **abril** tiene que comprar el piso.
▶ 그는 4월 중순부터 아파트 한 채를 사야한다.

+ 어!? 이건 알고 있나?

▶ 《el abril de la vida》의 의미는?

'이팔청춘'이라는 의미로 16살 정도의 젊은 시절을 지칭한다.

0100 A finales de **mayo**, la fiesta es en mi escuela.
▶ 5월 말에, 축제가 우리 학교에서 열린다.

+ 어!? 이건 알고 있나?

▶ 속담 《Agua de mayo, pan para todo el año》의 의미는?

'5월에 내리는 비는 일년내내 풍요롭다'는 의미로 작물이 자라는 시기를 《mayo(5월)》로 나타낸다.

PRIMER CURSO

0101 El año tiene cuatro estaciones.
▶ 1년은 4계절이다.

✚ 에!? 이건 알고 있나?
▶ 《estación》은 계절 이외에 어떤 의미를 가지고 있나?
《estación》은 (기차)역의 의미를 가지고 있다.

0102 En primavera muchas plantas están en flor.
▶ 봄에 많은 식물들이 꽃을 피운다.

✚ 에!? 이건 알고 있나?
▶ 《Primero》와 《Primavera》는 관계가 있나?
《Primero》는 첫 번째라는 뜻이고, 《Primavera》는 첫 번째 계절인 봄이다.
Primavera는 《Primero[라틴어 Primus/ 첫번째] + ver[라틴어 Venum/ 봄]》에 의해서 만들어진 어휘이다.

0103 El verano pasado estuvimos en Busan.
▶ 지난 여름에 우리는 부산에 있었다.

✚ 에!? 이건 알고 있나?
▶ 속담 《Una golondrina no hace verano.》의 의미는?
제비 한 마리가 왔다고 여름이 되는 것은 아니다.
※ 하나를 가지고 속단해서는 안 된다.

0104 El **otoño** es muy magnífico en Barcelona.
▶ 바르셀로나에서의 가을은 매우 환상적이다.

+ 어!? 이건 알고 있나?
▶ 《el otoño de la vida》의 의미는?
'인생의 초로기(初老期)'라는 의미이다.

0105 En la Isla Jeju no nevó en el **invierno** pasado.
▶ 지난 겨울 제주도에는 눈이 내리지 않았다.

+ 어!? 이건 알고 있나?
▶ 《Invierno nuclear》의 의미는?
《핵겨울》이라는 의미로, 많은 핵무기를 사용함으로 인해 지구 전체가 기상이변을 가져와 겨울과 같이 빙점 이하로 내려가는 현상을 일컬음.

0106 Mi hijo nació a principios del **siglo** XXI.
▶ 내 아들은 21세기 초에 태어났다.

+ 어!? 이건 알고 있나?
▶ 《Siglo de Oro》의 의미는?
스페인 《황금세기》의 정의는 16세기 르네상스와 17세기 바로크시대의 스페인 문학 시기를 의미한다. 정확하게는 1492년 Nebrija의 카스티야 문법(Gramática castellana) 책의 출간에서부터 1681년 칼데론(Calderón)의 죽음까지를 구체적시기로 명시하고 있다.

0107 ¿A qué hora llegan Uds.?
▶ 당신들은 몇 시에 도착하십니까?

✚ 에!? 이건 알고 있나?

▶ 《Qué hora》와 《A qué hora》는 각각 언제 사용되는가?

《Qué hora》는 ser동사와 함께 올 때 사용하며, 시간만을 물어볼 때 사용할 수 있으며, 《A qué hora》는 일반동사와 함께 표현하며, 그 동작의 행위 시간을 물어볼 때 사용한다.

- ¿Qué hora es ahora? 지금 몇 시인가?
- ¿A qué hora empieza la película? 영화는 몇 시에 시작하는가?

0108 Tengo que tomar el autobús a las ocho menos cuarto.
▶ 난 8시 15분전에 버스를 타야한다.

✚ 에!? 이건 알고 있나?

▶ 시간의 표현에서 《y》와 《menos》의 차이는?

'몇 시 몇 분'이라고 표현할 때, '분'을 나타내는 숫자 앞에 《y》를 사용하며, '몇 분전'이라고 나타낼 때는 《menos》라고 표현한다.

- Son las dos y cinco. 2시 5분이다.
- Son las dos menos cinco. 2시 5분전이다.

0109 La conferencia duró media hora.
▶ 컨퍼런스는 반시간동안 열렸다.

✚ 에!? 이건 알고 있나?
▶ 기존 숫자 이외에 나타낼 수 있는 시간 표현은?
15분 : cuarto
30분 : media
정각 : en punto

0110 Es la una y cuarto de la tarde.
▶ 오후 1시 15분이다.

✚ 에!? 이건 알고 있나?
▶ 《cuarto》가 나타내는 다른 의미는?
① 방/실 : el cuarto del baño 화장실
② 1/4 : un cuarto
③ 서수 4번째 : el cuarto libro 4번째 책

0111 **Dentro de dos horas acabaré este trabajo.**
▶ 나는 2시간 이내로 이 일을 끝낼 것이다.

✚ 어!? 이건 알고 있나?

▶ 《dentro de》와 《en》표현의 차이는?

《dentro de》의 경우는 '~이내'라는 표현으로 '시기'를 언급할 경우, 그 숫자가 되기 전에 완료될 수 있는 것을 말한다. 《en》의 경우는 '~째에'라는 표현으로 '시기'를 언급할 경우, 그 숫자에 해당하는 시기에 완료가 되는 것을 말한다. 장소를 언급할 경우에 《dentro de》는 '~안에'라는 의미이지만, 《en》은 '~안에'라는 의미 이외에 '~위에'라는 의미도 가지고 있다.

- Dentro de 5 días   5일 이내에
- En 5 días   5일 째에
- Dentro del cajón   서랍 안에
- En la escuela   학교에서
- En la pared   벽(위)에

0112 **Podemos vernos entre las seis y las siete.**
▶ 우리는 6시에서 7시 사이에 만날 수 있다.

✚ 어!? 이건 알고 있나?

▶ 《Entre》는 '2명의 사이'만을 표현하는 가?

《Entre》는 《영어의 between과 among》의 의미를 모두 가질 수 있음으로 '2명이상의 사이'에서라는 의미를 모두 나타낼 수 있다.

0113 La biblioteca está cerrada desde las dos hasta las cinco.
▶ 도서관은 2시부터 5시까지 닫는다.

+ 어!? 이건 알고 있나?

▶ 《desde / hasta》와 《de / a》는 같은 의미인가? 《desde / hasta》의 대체 어휘를 《de / a》로 보면 되는데, 《~로부터 / ~까지》의 의미를 가지고 있다. 0114 번 참조

0114 Hoy no termino hasta las nueve.
▶ 오늘 난 아홉시까지 끝나지 않았다.

+ 어!? 이건 알고 있나?

▶ 《Desde~ Hasta...》와 유사한 표현은?

장소와 시간에서 《~부터 ...까지》의 의미로 사용되는 이 표현은 《De~ A...》처럼 표현할 수 있다. 그런데, 시간을 나타낼 때는 시간 전치사 la(s)가 생략 가능하다.

- Desde las 2 hasta las 5   2시부터 5시까지
  = De (las) 2 a (las) 5
- Desde Madrid hasta Barcelona   마드리드부터 바르셀로나까지
  = De Madrid a Barcelona

0115 **Algún día** se acordarán de mis consejos.
▶ 언젠가는 그들도 내 의견에 동의할 것이다.

+ 어!? 이건 알고 있나?

▶ Algún día와 un día의 차이는?

두 표현 모두 《언젠가/ 어느 날인가》로 번역하는데, 《Algún día》는 '미래의 어느 날'을 표현하며, 《un día》는 '과거의 어느 날'을 표현한다.

0116 Esta **mañana** ha nevado un poco.
▶ 오늘 아침에 조금 눈이 왔다.

+ 어!? 이건 알고 있나?

▶ 《mañana》, 《la mañana》, 《el mañana》의 차이는?

mañana	내일
la mañana	오전/아침
el mañana	미래

0117 No cerramos a medianoche.
▶ 우리는 자정에 닫지 않는다.

✚ 어!? 이건 알고 있나?

▶ 왜 《medianoche》는 '자정'의 의미인가?

'medio(반)+noche(밤)'의 합성어로 여성형 'noche'에 맞춰 형태를 만든 것이다. '낮을 반으로' 구분하는 말로는 'mediodía(정오)'가 유사형태로 존재한다.

0118 Te llamé por la tarde.
▶ 오후에 네게 전화를 했다.

✚ 어!? 이건 알고 있나?

▶ 《la tarde》와 《tarde》의 차이는?

《la tarde》는 명사로 '오후'를 의미하며, 전치사와 함께 por la tarde, de la tarde로 사용된다. 《tarde》는 부사로 시간이 '늦은'이라는 의미를 가진다.

- Ella llegó muy tarde. 그녀가 매우 늦게 도착했다.
- Son las cuatro de la tarde. 오후 4시이다.

0119 En verano las terrazas de los cafés están llenas a mediodía.
▶ 여름의 카페 테라스는 정오에 붐볐다.

✚ 에!? 이건 알고 있나?

▶ '정오'는 오전일까 오후일까?

기본적으로 《De la mañana》를 오전시간에 붙이고, 《De la tarde》를 오후에 붙이는데, 저녁에 어두워지면 《De la noche》도 사용이 가능하다. 정오를 나타내는 《a mediodía》는 오전 12시이며, 자정을 나타내는 《a medianoche》는 밤 12시를 의미한다. 오후의 시작을 '정오'라고 한다는 점 유의하자.

0120 Anoche vi una película muy emocionante.
▶ 어제 밤 난 매우 감동적인 영화를 봤다.

✚ 에!? 이건 알고 있나?

▶ 《anoche》와 《ayer por la noche》의 차이는?

기본적으로 오늘(hoy), 어제(ayer), 내일(mañana)이라는 시간부사에 오전(por la mañana), 오후(por la tarde), 저녁(por la noche)를 붙여서 다음과 같이 쓸 수 있다.

- 오늘 아침 : hoy por la mañana
- 어제 오후 : ayer por la tarde
- 내일 저녁 : mañana por la noche

그런데, 오늘 오전 · 오후 · 저녁은 부사 esta를 붙여서 간편하게 사용하며, 어제 저녁은 anoche라는 어구를 별도로 가지고 있다.

- 오늘 아침 : esta mañana
- 오늘 오후 : esta tarde
- 오늘 저녁 : esta noche
- 어제 저녁(밤) : anoche

0121 **Esto está hecho en cinco minutos.**
▶ 이것은 5분 만에 만들어졌다.

✚ 어!? 이건 알고 있나?

▶ 시간표현에서 분은 남성인데, 30분은 왜 여성인가?

시간표현에서 분은 남성 어휘인 《minuto》를 기반으로 만들어져서, 남성으로 표기하는데, 30분의 경우는 시간 어휘인 《hora》를 반으로 자른 개념을 가지고 있기 때문에 여성으로 표기한다.

- Son las tres y uno.   3시 01분.
- Son las tres y media. 3시 30분.

0122 **Son las tres en punto.**
▶ 세시 정각이다.

✚ 어!? 이건 알고 있나?

▶ 《punto》와 《coma》의 차이는?

일반적으로 punto는 소수점으로 《coma》는 쉼표 내지는 천단위에 찍어주는 것이 한국어와 영어에서의 사용법이다. 하지만, 스페인어에서는 천단위에 《punto》를 찍고, 소수점에서 《coma》를 사용한다는 것을 꼭 알아두자.

0123 **Anteayer** estuvo lloviendo todo el día y ayer empezó a hacer frío.

▶ **그제** 하루 종일 비가 내렸고 어제부터 추워지기 시작했다.

✚ 에!? 이건 알고 있나?

▶ 어제 이전을 표기하는 방법과 내일 이후를 표기하는 방법은?

기본적으로 어제《ayer》와 내일《mañana》를 기준으로 이전은 《ante》를 붙이는 수만큼 앞쪽의 날을 표시하고, 이후는 《pasado》를 표기해서 나타낸다. 단 2회 이상을 붙이는 것은 알아듣기가 힘들어서 《cinco días antes(después) 5일전(후)》로 사용한다.

- anteayer 그저께
- anteanteayer 그 그저께
- pasado mañana 모레
- pasado pasado mañana 글피

0124 **Pasado mañana** podré ir a Madrid.

▶ **모레** 마드리드로 갈 수 있다.

✚ 에!? 이건 알고 있나?

▶ 《pasado mañana》인가? 《pasada mañana》인가?

pasado가 형용사로 사용될 때, 수식하는 명사에 따라 성수가 결정되는 것이지만 시간 부사의 경우는 부사적 수식임으로 남성단수를 유지하는 것이 옳다. 그럼으로 《pasado mañana》라고 사용해야 한다.

0125 **De madrugada salimos de Barcelona y llegamos a mediodía.**
▶ 우리는 새벽에 바르셀로나를 떠나서 정오에 도착할 것이다.

✚ 어!? 이건 알고 있나?

▶ 《De madrugada》와 《por la madrugada》의 차이는?

실질적 차이는 없고, 표기상 전치사 《De》를 쓸 경우는 관사를 쓰지 않는다는 것에 유의해야 한다.

- De día   낮에
- De noche   밤에(= por la noche)
- De madrugada   새벽에(= por la madrugada)

※ 《De día》는 《por la mañana》와 《por la tarde》를 합쳐놓은 의미이다.

0126 **En este país antes todo era diferente.**
▶ 이 나라에서는 우선 달랐다.

✚ 어!? 이건 알고 있나?

▶ 《antes de》와 《delante de》의 차이는?

《antes de》의 경우는 대체적으로 시간적인 표현(~ 전에)에 사용되며, 《delante de》는 공간적 의미(~앞에)에서 사용된다. 《antes de》의 경우 공간적으로 사용되는 경우도 있지만, 구어체에서는 거의 사용되지 않는다.

PRIMER CURSO

0127 ¡Adiós, hasta pronto!
▶ 안녕, 곧 보자!

✚ 어!? 이건 알고 있나?

▶ 《pronto》의 품사는?

'명사, 형용사, 부사'의 성격을 모두 가지고 있다.

- Ella tiene muchos prontos. 그녀가 몹시 서두르고 있다.(명사)
- Me dio la contestación pronta. 내게 빠른 대답을 했다.(형용사)
- Venga pronto. 빨리 오세요.(부사)

0128 Ahora nos vamos a la playa.
▶ 지금 우리는 해변으로 간다.

✚ 어!? 이건 알고 있나?

▶ '지금'이라는 다른 표현은?

- Ahora
  = Actualmente
  = En este momento
  = De momento

0129 **De momento** no podemos ayudarles.
▶ 우리는 지금 당신들을 도울 수 없습니다.

✚ 어!? 이건 알고 있나?

▶ 《De momento》의 정확한 의미는?

'지금', '갑자기'의 의미를 가지고 있다.

- De momento   지금

  = ahora

- De momento   갑자기

  = De repente

  = Súbitamente

0130 **Enseguida** le traigo la cuenta.
▶ 곧 그에게 계산서를 가져간다.

✚ 어!? 이건 알고 있나?

▶ 《Enseguida》 '곧바로'의 다른 표현은?

- Enseguida

  = inmediatamente

  = en el acto

0131 **Después de** comer tomamos el café.
▶ 우리는 밥을 먹은 **후에** 커피를 마실 것이다.

✚ 에!? 이건 알고 있나?

▶ 《Después》와 《Detrás》의 차이는?

《Después》는 시간적 의미에서 '이후에'라고 사용되며, 《Detrás》는 공간적 의미에서 '뒤에'라고 사용된다.

- Después de abrir la ventana 창문을 연 후에
- Detrás de la ventana 창문 뒤에

0132 **Siempre** llega muy tarde.
▶ **항상** 매우 늦게 도착한다.

✚ 에!? 이건 알고 있나?

▶ 스페인어의 빈도부사는?

Siempre	항상
A menudo	자주, 종종
A veces	때때로(= De vez en cuando)
Apenas	거의 ~하지 않는
Nunca	절대 ~하지 않는

0133 Llamamos varias veces pero no contestó.
▶ 우리는 여러 번 불렀지만 그는 대답하지 않았다.

✚ 어!? 이건 알고 있나?

▶ 《vez》로 만들어지는 다른 어구는?

a la vez	동시에
alguna vez	언젠가
de una vez	한번에, 단숨에
en vez de	~대신에
tal vez	아마도

0134 No hemos ido nunca a Sevilla.
▶ 난 세비아에 결코 가 본적이 없다.

✚ 어!? 이건 알고 있나?

▶ '부정 어구'를 동사 앞에 넣을 때와 뒤에 넣을 때 차이는?

동사 앞으로 부정어구가 가면 영어의 《Never, Nothing》처럼 부정어구가 된다. 하지만, 동사 뒤에 부정어구가 되면 영어의 《anymore, anything》처럼 역할을 하기 때문에 부정의 의미를 가지고 있지 않다. 그러므로 동사 이후에 나오는 부정 어구는 아무리 많이 나와도 2중부정의 의미를 가질 수 없는 것이다.

- Nunca he ido a Seúl. 난 서울에 결코 가 본적이 없다.
  = No he ido nunca a Seúl.

0135 **Jamás te prestaré dinero.**
▶ 너한테 절대 돈을 빌려주지 않을 것이다.

✚ 어!? 이건 알고 있나?

▶ 《Jamás》와 《Nunca》의 차이는?

의미의 차이는 없다. 단, 두 어휘를 중복해서 사용할 수 있는데, 《Nunca jamás》라고 표현한다.

0136 **Sancho ya tiene tres hijos.**
▶ 산초는 이제 3명의 아이가 있다.

✚ 어!? 이건 알고 있나?

▶ 《Ya》의 의미는 몇 가지?

① 현재 : 이제, 지금은

Ya entiendo. 이제 이해했습니다.

Ya no es así. 이제는 그렇지 않습니다.

② 과거 : 이미, 벌써

Ya hemos dicho esto más de tres veces.
이미 우리는 이것을 3번 이상 말했다.

Ya salió el autobús. 벌써 버스는 떠났다.

③ 미래 : 즉시, 곧

Ya me voy. 곧 갑니다.

Ya nos veremos. 곧 우리 봅시다.

0137 **Aún** no me han pagado.
▶ **아직** 그들은 나에게 (돈을) 지불하지 않았다.

✚ 에!? 이건 알고 있나?

▶ 《Aún》과 《Aun》의 차이는?

Aún = Todavía　　아직(도)

Aun = Hasta　　또한, 까지도

0138 **Todavía** está lloviendo.
▶ **아직까지** 계속 비가 오고 있다.

✚ 에!? 이건 알고 있나?

▶ 《Todavía》가 비교급을 수식하나?

비교급 강조할 수 있는 《mucho》의 역할을 한다.

Ella es mucho más guapa que mi amiga.

= Ella es todavía más guapa que mi amiga.

그녀는 내 친구보다 훨씬 더 예쁘다.

0139 **En la situación presente será mejor esperar.**
▶ 지금 상황에서는 기다리는 게 더 좋을 것 같다.

✚ 에!? 이건 알고 있나?

▶ 형용사 《presente》와 명사 《presente》의 차이는?

형용사의 경우는 '현재의, 출석한'이란 의미를 가진다. 하지만, 명사의 경우는 남성일 때는 '현재라는 의미를 가지며, 여성일 때는 '본 서류, 본 장'이라는 의미를 가진다.

- Estoy presente.   저 출석했습니다.
- Al presente = de presente   현재, 지금
- La presente   본장(本狀), 본 서류

0140 **¿Qué te parece la moda actual?**
▶ 현재 유행을 어떻게 생각하니?

✚ 에!? 이건 알고 있나?

▶ 《actual》의 의미는?

'현재의, 현실의'라는 의미를 가지고 있다.

- Las costumbres actuales   현재의 습관
- Estado actual   현상
- Valor actual   현 시가(時價)

0141 **Dentro de un rato voy a llamarte.**
▶ 곧 네게 전화할 것이다.

✚ 어!? 이건 알고 있나?

▶ 《rato》는 '시간'의 뜻을 가지고 있는 가?

'시간'의 의미가 맞다. 다만 《un rato》라고 할 때는 '짧은 시간, 잠깐'이라는 의미를 가지며, 《buen rato》라고 할 때는 '많은 시간, 많은 양'을 의미한다.

0142 **Mi visita fue muy breve.**
▶ 나의 방문은 매우 짧았다.

✚ 어!? 이건 알고 있나?

▶ 《breve》 표현의 반대는?

'짧은 기간의, 잠시의'의미를 가지는 《breve》의 반대는 '오래, 길게'의 의미로

《mucho》또는 《largo》를 사용할 수 있다.

- mucho tiempo   많은(오랜) 시간
- Discurso largo   긴 연설

0143 **Me gusta más la casa anterior.**
▶ 나는 이전 집이 더 좋다.

✚ 어!? 이건 알고 있나?

▶ 《anterior》는 비교급인가?

《anterior a + 비교대상》의 형태로 사용되는데, 이와 유사한 형태의 비교급은 아래와 같다.

- **Anterior a** + 비교대상   ~ 보다 앞선
- **Posterior a** + 비교대상   ~ 보다 뒤에
- **Superior a** + 비교대상   ~ 보다 우수한
- **Inferior a** + 비교대상   ~ 보다 열등한

0144 **El jefe me lo explicó. Entonces puedo hacerlo bien.**
▶ 사장은 내게 그것을 설명했다. 그래서 난 그것을 잘 만들 수 있다.

✚ 어!? 이건 알고 있나?

▶ 《entonces》의 사용법은?

① 부사 : 그 때(과거)

Entonces no lo conocí. 그때 난 그를 몰랐다.

② 접속사 : 그래서

Ella estudió mucho, entonces aprobó el examen.

그녀는 열심히 공부했고, 그래서 시험에 합격했다.

③ 명사 : 당시

En aquel entonces   그 당시에

0145 El equipaje está listo para el viaje.
▶ 여행자를 위한 짐은 준비되어있다.

+ 어!? 이건 알고 있나?

▶ 《listo》 의미가 두 개인가?

《ser listo》경우는 '똑똑하다'의 의미를 가지며, 《estar listo》경우는 '준비가 되다'의 의미를 가진다.

- Juan está listo para salir.   후안은 나갈 준비를 했다.
- Juan es listo para resolverlo.   후안은 그것을 해결정도로 똑똑하다.

0146 Sancho se levanta todos los días temprano.
▶ 산초는 매일 일찍 일어난다.

+ 어!? 이건 알고 있나?

▶ 《Temprano》는 부사인가 형용사인가?

두 가지 모두 가능하다. 부사일 때는 남성 단수 형태로 고정되어 사용되며, 형용사일 경우는 수식하는 명사의 성·수에 따라 어미가 변한다.

- Ahora es la hora temprana.   지금은 이른 시간이다.
- Ella llegó temprano a la reunión.   그녀는 모임에 일찍 도착했다.

0147 **Este trabajo hay que hacerlo de nuevo.**
▶ 이 일은 새로 해야 한다.

✚ 에!? 이건 알고 있나?

▶ 《de nuevo》를 대체할 수 있는 표현은?

'새로이, 다시, 또'라는 의미를 가지는데, 다음과 같은 표현이 있다.

Nuevamente   새로이, 신규로
Otra vez   또, 다시

0148 **Apenas tenemos tiempo para dormir.**
▶ 잘 시간이 거의 없다.

✚ 에!? 이건 알고 있나?

▶ 《Apenas》의 표현은 몇 가지?

① 거의 ~않다(동사 앞에 위치하는 경우, 부정을 나타내는 문장의 경우)

  Apenas se oye el ruido. 소리가 거의 들리지 않는다.

  = No se oye apenas el ruido.

② 겨우, 간신히, 고작(동사 뒤에 사용되는 경우)

  Tardó apenas tres meses en acabarlo.

  그것을 끝내는데 고작 3개월이 걸렸다.

  El caballo sube apenas la cuesta.

  말은 겨우 비탈길을 오른다.

01

0149 Él habla un poco más despacio.
▶ 그는 조금 너무 느리게 말한다.

✚ 어!? 이건 알고 있나?

▶ 《despacio》는 부사인가?

부사가 맞다. '천천히'라는 의미를 가진 부사로 아래와 같은 유사 표현이 있다.

Lentamente 느리게

Poco a poco 조금씩 조금씩

0150 Este tren es lento.
▶ 이 기차는 느리다.

✚ 어!? 이건 알고 있나?

▶ 《Lento》는 속도의 표현에만 사용되는가?

'속도'이외에 '이해력이 더딘', '힘이 약한'의 의미로도 많이 사용된다.

Él es muy lento para comprender. 그는 이해력이 매우 더디다.

Con el fuego lento 약한 불로

0151 La rata corre rápidamente.
▶ 쥐는 빨리 달린다.

✚ 에!? 이건 알고 있나?

▶ 《rápido》와 《rápidamente》의 차이는?

《rápido》는 기존에 형용사만 사용되던 것이, 부사로도 사용이 된다. 부사로 사용될 때는 남성 단수형태에 고정시켜 사용을 하며, 의미는 《rápidamente》와 동일하다.

- ¿Cuál es más rápido, ir en taxi o ir en metro?
  택시로 가는 것과 전철로 가는 것 중에서 어떤 것이 더 빠른가?
- ¡Tráemelo rápido! 빨리 내게 그것을 가져와!

0152 La Sagrada Familia es una iglesia enorme.
▶ 성가족성당은 거대한 성당이다.

✚ 에!? 이건 알고 있나?

▶ 《Enorme》가 '규모가 큰' 이외의 뜻으로 사용되는 가?

'규모'이외 '정도가 심한, 중대한'이란 의미도 있다.

- El error enorme 중대한(심한) 실수

0153 **Esta casa es pequeña para tanta gente.**
▶ 이 집은 많은 사람들에겐 작다.

✚ 어!? 이건 알고 있나?
- ▶ '외모/외형'를 나타낼 때, '작다/적다'라는 의미 형용사 표현은?
  - 키가 작은 : bajo
  - 규모가 작은 : pequeño
  - 덩치가 작은 : pequeño
  - ※ 짧은(corto), 마른(delgado), 어린(joven)

0154 **¿Cuál es la montaña más alta de Corea?**
▶ 한국에서 가장 높은 산이 어떤 것인가?

✚ 어!? 이건 알고 있나?
- ▶ 외모/외형'를 나타낼 때, '크다/높다'라는 의미 형용사 표현은?
  - 키가 큰 : alto
  - 규모가 큰 : enorme
  - 덩치가 큰 : grande
  - ※ 뚱뚱한(gordo), 굵은(grueso), 긴(largo), 폭 넓은(ancho)

0155 El Mar Mediterráneo no es tan profundo como el Océano Pacífico.
▶ 지중해는 태평양만큼 깊지 않다.

✚ 에!? 이건 알고 있나?

▶ 물의 수심을 나타내는 표현은?
- 물이 깊은 : profundo, hondo
- 물이 얕은 : superficial
- 수심이 높은 : alto
- 수심이 낮은 : bajo

0156 En los pueblos hay calles muy estrechas.
▶ 마을에는 매우 좁은 길들이 있다.

✚ 에!? 이건 알고 있나?

▶ 《estrecho》의 다른 표현은?
① 폭이 좁은 : La calle estrecha 좁은 길
② 긴밀한 : La relación estrecha 긴밀한 관계
③ 꽉 끼는 : los zapatos estrechos 꽉 끼는 신발

0157 María quiere cambiar el largo del vestido.
▶ 마리아는 옷의 길이를 바꾸고 싶어한다.

+ 어!? 이건 알고 있나?

▶ 영어의 《large》가 스페인어의 《largo》인가?

영어의 《large》는 스페인어로 《grande》로 번역해야 하고, 스페인어의 《largo》는 영어의 《long》에 해당한다.

0158 El armario tiene dos metros de ancho.
▶ 가구는 폭이 2미터 이다.

+ 어!? 이건 알고 있나?

▶ 물건의 사이즈를 말할 때 사용하는 표현은?

- 높이 : 5 metros de alto   높이 5미터
- 폭 : 2 metros de ancho   폭 2미터
- 길이 : 3 metros de largo   길이 3미터

0159 **Valencia está al nivel del mar.**
▶ 발렌시아는 해수면 높이에 있다.

✚ 에!? 이건 알고 있나?

▶ 《nivel》의 다른 표현법은?
- La conversación de alto nivel   높은 수준의 대화
- Sobre el nivel del mar   해발
- El nivel de vida   생활수준
- Nivel a nivel   같은 수준으로

0160 **¿Está el palacio cerca de aquí?**
▶ 여기 가까이에 궁전이 있나요?

✚ 에!? 이건 알고 있나?

▶ 《cerca de》와 《acerca de》의 차이는?

전혀 다른 의미이다. 《cerca de》는 '거리가 가까운'이라는 표현이고, 《acerca de》는 '~관하여'라는 의미이다.
- No estoy cerca de la escuela. 난 학교에 가까이 있지 않다.
- No estoy culpable acerca de eso. 난 그것에 관해 잘못이 없다.

0161 **Miguel consiguió trabajo a través de un amigo.**
▶ 미겔은 한 친구를 통해서 일을 구했다.

✚ 에!? 이건 알고 있나?
▶ 《través》의 의미는?

'기울기, 비뚤어짐', '불행 불운'의 의미이다.

《a través de》의 원 의미는 '어려움을 통해서'라는 뜻을 가지고 있다.

- a través de la ventana 창문을 통해서

0162 **Aquí en la costa el clima es muy agradable.**
▶ 여기 해안에 날씨는 매우 온화하다.

✚ 에!? 이건 알고 있나?
▶ 《Aquí》는 공간적의미 외에 사용할 수 있는가?

'지금'이라는 시간적의미로 사용한다.

- De aquí en adelante 지금으로부터 이후에

0163 ¿Conoces a la señora que está allí?
▶ 너는 저기 계신 여성분을 아니?

✚ 어!? 이건 알고 있나?

▶ 《Allí》와 《Allá》의 차이는?

《Allá》는 '시·공간적으로 방향성'을 가지는 표현으로 동적인 의미를 가지는 동사와 함께 사용이 되며, 《Allí》는 위치만을 표현한다.

- Se fue allá. (그는) 저쪽으로 갔다.
- Allí estuve. 난 저쪽에 있었다.

0164 El mercado está al lado del ayuntamiento.
▶ 시장은 시청의 옆에 있다.

✚ 어!? 이건 알고 있나?

▶ 《lado》를 '위치' 외에 다른 표현은?

'옆구리', '(각의) 변'으로 사용이 된다.

- Tengo un dolor en el lado derecho. 난 오른쪽 옆구리가 아프다.
- El triángulo tiene 3 lados. 삼각형은 3개의 변을 가지고 있다.

0165 Al otro lado de la calle hay una farmacia.
▶ 길 건너편에 약국이 하나 있다.

+ 어!? 이건 알고 있나?

▶ 《otro》의 다른 여러 표현은?

① 다른, 별 개의 : el otro día (미래의) 어느 날

② 제2의 : Él es otro Don Quijote. 그는 제2의 돈키호테이다.

③ 또 : Otra vez, por favor. 다시 한번, 부탁합니다.

0166 Frente a la oficina hay una casa grande.
▶ 사무실 정면에 큰 집이 있다.

+ 어!? 이건 알고 있나?

▶ 《frente》의 의미는?

《la frente》는 '이마'라는 의미가 있다. 《el frente》는 '(건물의) 정면'이라는 의미가 있다. 《frente a + 명사》는 전치사 역할을 하는 어구로 '부사'임으로 성(性)을 갖지 않는다.

0167 **No te pongas delante.**
▶ 앞에 자리잡고 있지 마라.

✚ 어!? 이건 알고 있나?
▶ 《adelante》와 《delante》의 차이는?

《adelante》는 단독부사로 '앞쪽에'라는 의미를 가지며, 《delante de + 명사》는 전치사적으로 사용되는 어구이다. 《adelante》가 '시간'표현에 사용될 때는 '미래'의 의미를 담고 있다.

0168 **En la mesa solo hay dos tazas.**
▶ 탁자에 단지 두 개의 잔이 있다.

✚ 어!? 이건 알고 있나?
▶ 《En》은 장소전치사로 영어의 《in》인가 《on》인가?

스페인어의 《en》은 두 가지 역할을 모두 한다.
- Claudia está en casa. 끌라우디아는 집에 있다.(in 역할)
- Hay un cuadro en la pared. 벽에는 그림이 하나 있다.(on 역할)

0169 No pongas los zapatos encima de la mesa.
▶ 구두를 탁자 위에 놓지 마라.

+ 어!? 이건 알고 있나?

▶ '~위에'라는 다른 표현은?

Encima de la mesa 탁자 위에

= Sobre la mesa

= En la mesa

0170 Paco te ha dejado las llaves sobre la silla.
▶ 빠꼬는 의자 위에 네 열쇠를 두었다.

+ 어!? 이건 알고 있나?

▶ 《sobre》의 다른 표현은?

① ~위에 : Pongo el libro sobre la silla. 의자 위에 책을 둔다.

② ~관해 : Dió su opinión sobre la política. 정치에 관해 그의 의견을 주었다.

③ 대략 : Ella vendrá sobre las cuatro. 그녀는 4시 경에 올 것이다.

PRIMER CURSO

0171 **El gato está debajo del carro.**
▶ 고양이가 카트 아래에 있다.

✚ 어!? 이건 알고 있나?
▶ 《abajo》와 《debajo》의 차이는?
《abajo》는 단독 부사로 '아래쪽에'라는 의미를 가지고 있고, 《debajo de + 명사》는 장소를 나타내는 전치사 역할을 하는 어휘이다. 《debajo de》는 《bajo》라는 전치사와 의미가 거의 일치한다.

0172 **Voy a correr a la derecha.**
▶ 난 오른쪽으로 뛸 것이다.

✚ 어!? 이건 알고 있나?
▶ 《derecha》, 《izquierda》가 위치 외에 다른 표현이 있는가?
명사는 위치를 나타내는 표현만 존재하며, 형용사 《derecho》와 《izquierdo》는 '정교한'과 '어설픈'이란 의미를 각각 가지고 있다. 이외에 《derecho》의 경우는 '올바른, 직선의'라는 의미를 가지고 있다.

- la línea derecha   직선
- Él hace el trabajo derecho.   그는 정교한 일을 한다.
- Ese artesano es muy izquierdo.   그 공예가는 매우 서투르다.

01

0173 Deja la maleta atrás en el coche.
▶ 손가방을 차 뒤쪽에 놓아라.

+ 에!? 이건 알고 있나?

▶ '공간적 표현'이외에 사용되는 표현은?

시간적으로는 '전에' 라는 의미로 사용이 된다.

- Unos días atrás 몇 일 전에.
- De ahora en adelante 지금부터 계속해서.

0174 Detrás de aquellas montañas está el mar.
▶ 저 산 뒤에 바다가 있다.

+ 에!? 이건 알고 있나?

▶ 《atrás》, 《detrás》, 《tras》의 차이는?

단독부사로 '뒤에'라는 표현은 《atrás》이며, 《detrás de + 명사》로 '공간적 위치'를 전치사적으로 표현한다. 《tras》는 '시간, 공간'적으로 사용할 수 있는 전치사적 역할의 어휘이다.

- Ella está atrás. 그녀가 뒤에 있다.
- Él está detrás de la puerta. 그는 문 뒤에 있다.
- Tras este tiempo vendrá el otro mejor.
  이 시기 이후에 다른 좋은 시기가 올 것이다.
- Se ocultó tras la ventana. (그는) 창문 뒤에 숨어 있었다.

0175 **Alrededor de la casa hemos plantado pinos.**
▶ 우리는 집 주변에 소나무를 심었다.

✚ 에!? 이건 알고 있나?

▶ '공간적 의미' 이외에 사용되는 표현은?

어림 수치로 사용이 된다.

① 시간 : Alrededor de las dos   2시 경에

② 수량 : Alrededor de 2 metros   약 2미터

0176 **He buscado los libros por todos los rincones y no los he encontrado.**
▶ 모든 구석에서 책들을 찾았고, 그것을 찾을 수 없었다

✚ 에!? 이건 알고 있나?

▶ 《rincón》과 《esquina》의 차이는?

둘 다 기본적으로 '코너, 모퉁이'라고 번역을 하는데, 의미적으로는 반대이다.

《rincón》은 코너의 들어간 부분을 말하고, 《esquina》는 코너의 나온 부분을 말한다.

그래서, 《rincón》은 '은둔처'라는 의미도 가지고 있다.

0177 José vive fuera de la ciudad.
▶ 호세는 도시 밖에서 산다.

+ 어!? 이건 알고 있나?

▶ 《fuera》와 《afuera》의 차이는?

《fuera de + 명사》의 형태로 '~의 밖에'라는 전치사 역할을 하며, 《afuera》는 단독 부사로 '밖에'라는 의미를 가진다.

0178 Hay que pintar las paredes exterior.
▶ 외벽들을 칠해야 한다.

+ 어!? 이건 알고 있나?

▶ 《exterior》 표현의 활용은?

① 밖의 : El aspecto exterior 외관 ② 외국의 : El comercio exterior 대외무역

0179 La reforma interior del piso ha sido muy barato.
▶ 아파트 내부(구조) 개선은 매우 저렴했다.

+ 어!? 이건 알고 있나?

▶ 《interior》 표현의 활용은?

① 내부의 : La ropa interior 속옷

② 국내의 : El correo interior 국내 우편

③ 속 마음의 : En lo interior 마음속으로

PRIMER CURSO

0180 **La herida es solo superficial.**
▶ 상처는 단지 표면적(으로 경미)하다.

✚ 에!? 이건 알고 있나?

▶ 《superficial》은 '겉, 표면'의 의미 외에 자주 사용되는 것은?

'(물을) 얕다'라는 의미와 '경박한'의 표현으로 많이 사용이 된다.

- El lago es muy superficial. 호수는 매우 (수심이) 얕다.
- Ella tiene el espíritu superficial. 그녀는 매우 경박한 마음을 가지고 있다.

0181 **En el piso superior viven mis primos.**
▶ 윗층에 내 사촌들이 산다.

✚ 에!? 이건 알고 있나?

▶ 《superior》를 '능력'의 의미로 사용하면?

'월등한, 뛰어난'이란 의미를 가진다.

- Juan es superior a su primo en inteligencia.

  후안은 그의 사촌보다 지적인 면에서 뛰어나다.

01

0182 **Las camisetas están en el cajón inferior.**
▶ 티셔츠들은 아래 서랍에 있다.

✚ 어!? 이건 알고 있나?

▶ 《inferior》를 '능력'의 의미로 사용하면?

'열등한, 하급의'라는 의미를 가진다.

- Él es inferior a su hermano. 그는 그의 형보다 못하다.

0183 **Ponga este libro aparte.**
▶ 이 책은 따로 놔주세요.

✚ 어!? 이건 알고 있나?

▶ 《aparte》는 형용사인가? 부사인가?

일반적으로 부사로 사용되는데, 형용사로 사용되는 경우도 있다.

- Nos dieron dos habitaciones aparte. (부사)

  우리에게 두 개의 방을 따로 주었다.

- Esa es la cuestión aparte. (형용사)

  그것은 별도의 문제이다.

0184 El camión chocó contra un autobús.
▶ 트럭은 자동차와 부딪쳤다.

✚ 어!? 이건 알고 있나?

▶ 《contra》의 다른 표현은?

① 반대하여 : Voy contra mi voluntad. 난 내 의지와 다르게 간다.

② 향하여 : Tropezó contra una piedra. 돌을 향해 부딪쳤다.

③ ~을 마주보고 : La casa está contra iglesia. 집은 사원의 맞은편에 있다.

0185 En el norte de España está la Cordillera Cantábrica.
▶ 스페인 북쪽에는 깐따브리아 산맥이 있다.

✚ 어!? 이건 알고 있나?

▶ '북동쪽', '북서쪽'의 표기법은?

북동쪽 : el nordeste

북서쪽 : el noroeste

※ 남동쪽(el sudeste), 남서쪽(el sudoeste)

0186 **Al oeste de Argentina está Chile.**
▶ 칠레는 아르헨티나의 서쪽에 있다.

✚ 어!? 이건 알고 있나?

▶ 《en el oeste》와 《al oeste》의 차이는?

같은 범위 안에서 방향을 얘기할 때는 전치사 《en》을 사용하며, 소속범위 밖을 이야기할 때는 전치사 《a》를 사용한다.

- Busan está en el sur de Corea. 부산은 한국의 남쪽에 있다.
- Japón está al sur de Corea. 일본은 한국의 남쪽에 있다.

0187 **El sol sale por oriente y se pone por occidente.**
▶ 해는 동쪽에서 뜨고 서쪽으로 진다.

✚ 어!? 이건 알고 있나?

▶ 《Por + 장소》와 《en + 장소》의 차이는?

동적인 의미를 나타낼 때는 《por》를 사용하며 그 공간적 크기도 넓게 묘사된다. 정적인 의미를 나타낼 때는 《en》을 사용하며, 어느 한 지역만을 지칭한다.

- Ella está en la escuela. 그녀는 학교에 있다.
- Ella viaja por España. 그녀는 스페인을 여행한다.

PRIMER CURSO

0188 **¿De qué color es el coche tuyo?**
▶ 너의 차는 무슨 색이니?

✚ 어!? 이건 알고 있나?

▶ 색의 종류를 아는가?

검정	Negro
흰	Blanco
빨강	Rojo
노란	Amarillo
파란	Azul
초록	Verde
갈색	Marrón
보라	Violeta

0189 **¿Te gusta más el rojo claro o el oscuro?**
▶ 너는 밝은 빨강색이 좋니, 어두운 빨강색이 좋니?

✚ 어!? 이건 알고 있나?

▶ 《obscuro》와 《oscuro》의 차이는?
의미는 같으며, 《 b 》가 탈락한 어휘이다.

01

0190 El negro es muy de moda.
▶ 검정색은 매우 유행이다.

+ 어!? 이건 알고 있나?

▶ 《유행》에 관련된 표현은?

pasar de moda   유행에 뒤지다

estar de moda   유행 중이다

salir una moda   유행이 시작하다

0191 Prefiero los claveles rosados.
▶ 나는 장밋빛 카네이션을 좋아한다.

+ 어!? 이건 알고 있나?

▶ 《preferir》의 표현비교하기?

《Preferir ① a ②》은 '②보다 ①을 더 선호 한다'라는 표현으로 나타낸다.

· Ella prefiere el libro tuyo a el mío.

그녀는 내 책보다는 네 책을 선호한다.

PRIMER CURSO

0192 ¿Sabes dibujar un círculo sin compás?
▶ 컴퍼스 없이 원을 그릴 줄 아니?

✚ 어!? 이건 알고 있나?
▶ 도형의 명칭은?
원 : el círculo
삼각형 : el triángulo
사각형 : el cuadrángulo
오각형 : el pentágono

0193 Las personas que no saben escribir firman con una cruz.
▶ 글을 쓸 줄 모르는 사람들은 X표로 서명을 한다.

✚ 어!? 이건 알고 있나?
▶ 《saber》가 조동사로 사용되는가?
'saber + 동사원형'은 'poder + 동사원형'과 같은 의미로 사용될 수 있다.
- Sé nadar en el mar.
  = Puedo nadar en el mar. 바다에서 수영을 할 수 있다.
  ※ '주어 + saber a + 목적어'의 경우는 '~ 맛이 나다'라는 의미를 가진다.
- El pan sabe a chocolate. 빵은 초콜릿 맛이 난다.

0194 ¿De qué tamaño desea los sobres?
▶ 어떤 봉투 사이즈를 원하나요?

+ 어!? 이건 알고 있나?

▶ 《tamaño》와 《talla》의 차이.

스페인에서는 옷이나 신발의 치수를 이야기할 때, talla를 사용한다.
그리고 사이즈를 이야기할 때, L = Talla grande, M = Talla mediana,
S = Talla pequeña로 언급한다. 신발 사이즈를 언급할 때는 Talla 대신 número를
언급하는 경우도 많다. tamaño의 경우는 옷이나 신발의 사이즈를 언급하기 보다는
사물이나 신체 사이즈를 언급할 때, 사용된다.

- ¿De qué tamaño es su cuello? 그의 목(둘레) 사이즈는 어떻게 되나요?
- ¿Cuál es la talla de tu camisa? 네 셔츠의 사이즈는 어떻게 되니?
- ¿Cuál es el número de tu zapato? 네 구두 사이즈는 어떻게 되니?

0195 Lucas es el más listo de la clase.
▶ 루카스는 반에서 가장 똑똑하다.

+ 어!? 이건 알고 있나?

▶ 《más》는 형용사인가 부사인가?

① Ella es más alto que él. (부사로 사용)
  그녀는 그보다 더 크다.
② Ella tiene más dinero que él. (형용사로 사용)
  그녀는 그보다 더 많은 돈을 가지고 있다.

No esperábamos tanta gente.
▶ 우리는 그렇게 많은 사람들을 기다리지 않았다.

✚ 에!? 이건 알고 있나?

▶ 《tan, tanto, tantos》의 차이는?

① tan은 부사로 형용사나 다른 부사를 수식함.

Ella es tan alta como él.

그녀는 그만큼 그렇게 크다.

② tanto는 단독 부사로 의미적으로 mucho의 의미를 가짐

Ella estudia tanto como él.

그녀는 그처럼 그렇게 공부한다.

③ tantos는 형용사로 tanto, tanta, tantos, tantas처럼 수식하는 명사에 따라 형태가 바뀜.

Él tiene tanto dinero como ella.

그는 그녀만큼 그렇게 돈을 가지고 있다.

0197 ¿Vamos juntos al teatro?
▶ 우리 극장에 같이 갈까?

✚ 어!? 이건 알고 있나?
▶ 《junto, juntos, junto con, junto a》를 구별해봐!

① 부사의 junto는 '동시에, 함께, 곁에'의 의미를 가지고 있음.

Tocaban, cantaban y bailaban, todo junto.

연주했었고, 노래했었고, 춤도 모두 동시에 쳤었다.

② juntos는 형용사로 수식하는 명사에 '단수, 복수, 남, 여'를 맞춤.

Enviar junta una letra 어음을 동봉하여 보낸다.

③ junto con에서 junto는 형용사로 그 형태 또한 수식하는 명사에 맞춤.

의미는 '~와 함께'라는 의미임.

Los libros juntos con el lápiz son míos.

연필과 같이 있는 책들은 내 것이다.

④ junto a의 경우, junto는 부사로 형태가 바뀌지 않으며, 의미는 '~의 옆에'임.

Ella está junto a su padre. 그녀는 그녀의 아버지 옆에 있다.

0198 ¿Se han comido el melón entero?
▶ 멜론을 통째로 먹었나?

✚ 어!? 이건 알고 있나?
▶ 《por entero》는 무슨 뜻? 《completamente》(완전히)의 의미.

Una vida dedicada por entero a los coreanos.

한국인에게 완전히 바친 삶.

0199 **Esta botella está vacía.**
▶ 이 병은 비었다.

✚ 어!? 이건 알고 있나?

▶ 《en vacío》와 《en un vacío》의 차이는?

'허망하게'와 '빈틈, 옆구리'의 의미.

① Ella murió en vacío. 그녀는 허망하게 죽었다.

② Le dio un codizo en un vacío. 그의 옆구리를 팔꿈치로 꾹꾹 찔렀다.

0200 **No pudimos entrar porque la biblioteca está llena.**
▶ 우리는 들어갈 수 없었다. 왜냐하면 도서관이 차 있다.

✚ 어!? 이건 알고 있나?

▶ 《el lleno de la luna》 보름달.

명사로 사용할 경우는 남성 단수로 사용해야 함.